读客外国小说文库
熊猫君激发个人成长

交错的场景

［日］松本清张 著　徐建雄 译

渡された場面
松本清張

文匯出版社

1

　　坊城小镇是一座面向玄界滩的渔港小镇，位于佐贺县唐津往西大约三十公里处。渔船从这座小小半岛的突出部出海，往来穿梭于壹岐、对马的洋面，其往返的范围甚至可远达黄海领域。

　　说起来，花街柳巷也算是老渔港的副产品了。这里也不例外，曾一度艳名远扬。小镇环抱海湾而建，东西两侧岸间有渡船跨海往返。西岸曾经是秦楼楚馆荟萃之地。当年，每天早晨，西岸各家的老板都会派出小船，将风流客送回东岸，而西岸的姑娘们会倚靠在小楼的栏杆处，朝船上的一夜情郎挥舞起长长的袖子，不时发出娇滴滴的呼唤声以示惜别。早晨海面上的雾很浓，船摇出一段后，西岸的小楼和俏丽的身姿便看不到了。但坐在船上的客人们，依然能够听到清脆悦耳的莺声燕语，使人倍感离愁别恨。

　　然而，这样的风流场景如今已荡然无存。花街柳巷拆除了，原来的秦楼楚馆都改造成了公寓、旅馆或饭店，楼下临街处也建起了酒吧。但是，昔日烟花楼宇的轮廓依然如故，每到夜晚，高高屋檐上挂着的旅馆或酒吧的霓虹灯，总会将艳丽的色彩投射到昏暗的海面之上。

从外地来坊城小镇的游客不算少，尤其是春天到秋天的这段时间里特别热闹。夏天时会有专门到附近沙滩上洗海水浴的客人，春秋两季则不乏前来钓鱼或驾船游玩的游客，专程品尝美味鱼鲜的旅游团队也络绎不绝。几乎每家旅馆都有鱼池，里面养着清晨从出海归来的渔船上买来的活蹦乱跳的鲜鱼。

这样的老式旅馆在海湾的东岸一家挨着一家。沿岸的路上随处可见渔船专用的绳索和起吊货物的吊车。渔具店和燃油店之间夹杂着餐饮店。街道上时常飘散着海水的腥味和油脂的臭味。

外地来的游客一般都不住西岸的旅馆。因为昔日烟花柳巷的痕迹太浓，多少有些令人望而却步。游人游玩后会坐上驿舟似的小舢板船离去，船头划过倒映在昏暗海面上的红色霓虹灯，泛起微微涟漪。其实，即使不经意间在那种旅馆里过上一夜，第二天早晨回到东岸时，也不会再有人站在小楼手扶栏杆舞动长袖依依惜别。因此，每当听到昔日那些风光旖旎的故事，游人们也只有空怀羡慕了。

千鸟旅馆位于海湾的东岸，正对着西岸上那古老的花街柳巷。这是一家四层楼的西式酒店，也是本镇最大的旅馆。进门处设有一个酒店式的前台，负责接待的是戴领结的男服务生，前台一旁是大堂。二楼设有大大小小的宴会厅，三楼和四楼是客房，房间全都是日式的，所有的女侍也都身穿和服。

从晚秋到早春是该镇旅馆业的淡季，即使在正月，也常常门可罗雀、无人光顾。玄界滩的冬天寒风凛冽，还不时夹杂着冰冷的冻雨。

在这样的淡季里，却有一个中年男子自二月中旬一直住在千鸟旅馆。这个时候没什么客人，因此旅馆给他安排了四楼的一间景观房。这位客人顶着一头乱蓬蓬的长发，头发底下是一张长脸，脸色苍白。前台的登记簿上留有他的基本信息：

姓名：小寺康司
年龄：三十九岁
职业：作家
住址：东京都大田区田园调布

此人尽管面容憔悴，可他身上的西服和手里的皮包却都是一流的。庄吉是千鸟旅馆的领班，平时大家都叫他经理，他觉得此人绝对有钱，于是给他安排了最好的房间——锦之间。

负责这间房间的女侍叫真野信子，今年二十四岁。旅馆在忙碌的时候常会雇佣一些短工来帮忙，淡季则只有三个长期雇用的女侍。

刚开始时，女侍信子觉得锦之间的客人小寺康司很难伺候。他早晨起得很晚，直到十一点钟左右才起床吃一顿早中餐。到三点钟再给他送一次茶点。晚饭是六点左右，不喝酒。十点钟再做简餐给他当夜宵，顺便给他铺床，道一声晚安后离开。大多数时候，客人会坐在设有台灯的矮桌前看书，或面对着桌上铺开的稿纸沉思。

这位客人好像睡得很晚，有时磨蹭到半夜两三点钟仍不睡觉，也难怪他早上起不来。

他平时沉默寡言，性情冷淡。乱糟糟的长头发下那张苍白消瘦的脸抑郁阴沉。他眼睛细长,眼角稍有些往上吊,鼻梁笔直挺拔,显出严厉之色。薄薄的嘴唇向两边咧开,形成了一张阔嘴,下巴尖尖的。

他是个高个子,但并不魁梧,肩膀好像女人一样瘦弱。眉宇之间老是蹙着神经质的川字纹。天色昏暗时,冷不防看见他紧锁双眉一动不动地坐在房间里,信子总是会被吓一大跳。天气晴朗时,他会去海角处转上一两个小时,除此之外,这位客人基本上足不出户。

"那个客人有点吓人啊。"

锦之间的客人所带来的这种阴沉沉的氛围,自他入住的第二天起就引起了另外两个女侍——梅子和安子的注意。

"是啊,真不舒服。"安子也附和着梅子的说法,说完注视着信子的脸。

她们三人的年龄差不多,梅子比其他两人大一岁。但是,从工作经历上来说,信子比其他两人早一年进这个旅馆,算是她们的前辈。

"偏偏选这么个天寒地冻的季节大老远从东京跑来,真是个怪人。再说,咱们这里又没有什么温泉。"

往南三十公里处的山区倒是有嬉野温泉和武雄温泉,都相当有名。

"客人说是因为这里的鱼新鲜可口才来的。"信子答道,算是对两个同伴疑问的回答。

"就为了这个?不对啊,嬉野和武雄那边不是也可以吃到新鲜的鱼吗?那边一大早就会派卡车来这里拉鱼。在那里吃到的鱼和在坊城吃到的没什么两样啊。"梅子认为品尝新鲜的鱼并不是客人住在这里的主要原因。

"那位客人像是在写小说,所以专挑客人少的时候来。有温泉的地方游客太多、太闹了。"信子又替客人找出了入住这里的理由。

"真是在写小说吗?"安子问道。

"好像是。"

"你看到过?"

"没看到。不过他读的书都是些小说和讲小说理论的。"

"哦,怪不得你老往锦之间里跑呢。你不是很喜欢小说吗?过一阵子自己也要动笔写小说了吧?"梅子略带嘲弄地说道。

"谁说我要写小说了?"信子的圆脸"唰"的一下涨得通红,立刻激动地加以反击。梅子以前曾偷看过信子写在笔记本上的文章,所以信子现在听梅子这么一挖苦,觉得像被人揭了短似的,脸上有些挂不住,心里也来了气。

"对不起,对不起啊。"梅子见这个比自己小一岁的前辈生气了,赶紧赔起了不是。因为上次偷看笔记本后,信子对她大发了一通脾气。

"锦之间的客人真的在写小说?我叮是没有看到过。"安子为了劝解两人的争吵,转换了话题。

"我也没看到过,他总那么闲晃着。不过,信子是负责锦之间的人,一定看到过吧?"梅子为了讨好信子,故意柔声柔气地说道。

"我也没看到他写。可他的桌子上老是铺着稿纸,虽然每次进去都没见他写过一个字。肯定是他还没有想好,正在构思。别看他老是晃晃悠悠的,其实他心里一定非常苦闷。"信子说着,眼前似乎浮现出客人那坐立不安的身影。

梅子和安子听了信子的话都默默地点了点头，表示理解客人的状况。

"信子，你在杂志上见过'小寺康司'这个名字吗？我是没见过，也没听说过。"安子问了一个很实在的问题。

"我也没见过。不过，可能我们没读过他的书，因为这位小寺先生所读的小说，都是挺难懂的那种。"

"但周刊杂志和女性杂志上也没有他的名字。"安子说道。

"肯定是一个还没出名的小说家。"梅子说完自顾自地点了点头。

其实小寺康司的小说都发表在这些女侍不会涉猎的杂志上。那是专业的文学杂志，坊城的书店每个月只进一本，通常被淹没在别的杂志堆里，结果总是落满灰尘，被退回代销店。

小寺康司既不是新作家也不是文学大师，更不是文学杂志会争相印在封面上的流行作家，他只是不太引人注意的实力派作家。然而，有些批评家非常看好他作品中那种自成气候的风格，十分期待他将来能在文学上取得突出成就。

但是，在玄界滩渔港小镇，这种文学杂志每月只来一本，还总是被原封不动地退回去。因此，自然不会有人看到那些评论文章，也不会有人看到小寺康司这个名字，更不会有人看到评论家们煞费苦心地解说《小寺康司的文学特异性》的那些文字。

不过，这个锦之间的客人表面上让人觉得极难接近，也只是开始的四五天而已。后来，他在信子的眼里就跟别的客人没什么两样了。在每天三四次的接触过程中，那位客人也终于开始与女侍融洽相处了。

"信子姑娘是坊城本地人吗？"客人对女侍一开始说的话都如出一辙。

在这种情况下，信子一般都回答"是的"，或用"就是附近"来应付。但她觉得对于小寺康司不能这样随便。

"不是。我老家比这儿要再往内陆一点，叫作'多久'。以前那里有煤矿。"

信子对外地来的客人都尽量用东京标准语，但她说的标准语总带着一股音调波动很明显的土话腔。

"来这里做了很久了吧？"小寺轻轻地用筷子夹起碟子里的菜，问道。他的说话声很低，和那张苍白的脸十分相称。

"嗯，已经五年了。"

信子五年前来千鸟旅馆当服务员，原因是老家多久的煤矿倒闭了。曾经在煤矿工作的父亲去世，嫁到大阪的姐姐把母亲接去了。当然，这些事信子并未对刚刚认识的小寺康司说。

"小寺先生每天待在房间里，不觉得闷吗？"这次信子先发问，她想更多地了解这位客人。

"没有啊。悠闲自在，挺好啊。"

小寺康司用手理了理乱糟糟的长发，本来就细的眼睛更是笑成了一条缝。但他眼里并没有愉快的笑意。他的手指又细又长，就像女人的手。

"我想，近日里会有您的同伴来吧？"信子随口问道。

"谁知道呢！"小寺康司又一次眯缝起眼睛，眉宇间的皱纹依然如故。

听到这样带否定意义的回答，信子的心里舒坦了许多。信子对这位客人原本就没有什么好感,如果在如此清淡寂寥的季节,房间里整天窝着一对男女,在一旁走过都得小心翼翼的,实在不好受。

"可是,您一个人总会寂寞吧?对面有酒吧,可以过去散散心。"气氛放松后,信子嘴里的标准语也开始不标准起来。

虽说是酒吧,其实那里面是男人寻欢作乐的地方,不过信子觉得,现在对这个客人讲这些还为时过早。

"从前对面有许多秦楼楚馆吧?"

原来他知道。站在四楼的这间房间里,越过海湾中成排的渔船桅杆,可以清晰地看到在对面同等高度上,在屋顶上闪烁着的霓虹灯。

"团队客人来时,常叫小船到对岸去玩。"

"嗯,要是有朋友一起的话,说不定我也会去。但我一个人就算了。再说,我也不能喝酒啊。"

小寺康司用他那对小眼睛瞟了一眼对岸。阳光下,对岸的老房子显得破败不堪,或许正是这番景象败坏了他的兴致吧。

他不喝酒,他的食案上也不要放酒壶,并且现在又从他嘴里听他说,他对有女人的酒吧也不感兴趣,信子不由在心里拿他跟下坂一夫作比较。

唐津市陶瓷店主人的儿子下坂一夫不仅喝酒,好像还和市内酒吧里的女人混得很熟。他自己虽极力隐瞒,但还是会露出马脚。他承认曾经交往过两个酒吧女人,但也咬定后来与她们没有来往。

"写小说的人,是不是不实际体验一下就写不出来呢?"信子想起了一夫的口头禅,于是请教小寺康司。

"这个嘛,也不能一概而论。"小寺用手捋了一下发梢,说道,"……当然了,有过体验总比没有强吧。呃,我对于小说也不太懂。"

"您不是在写小说吗?"

"小说是很难的哦。"对于信子的问题小寺康司没有正面回答。他定睛看了一会儿信子。信子有双圆圆的眼睛,鼻子微微上翘,嘴唇厚厚的。

"你是不是想写小说?"

2

信子没打算自己写小说，但她一直喜欢看小说。

在女作家中，她尤其喜爱林芙美子[1]。这位作家的前半生可谓是历尽艰辛。在林芙美子小时候，她和母亲一起被父亲从家里赶了出去，光小学就转读了十几所。后来，她在广岛县尾道考上了女子高中，为了交学费，晚上不得不到帆布缝制工厂打工。她曾跟随恋人去了东京，但恋人大学毕业回了老家，于是她被抛弃了。之后她给人摆过夜摊、看过澡堂、给报社打过杂，还做过女佣、赛璐珞工厂的工人、毛线店售货员、咖啡店女招待等工作。在林芙美子的自传体小说中，附有对其亲身经历的解说，这让信子读得热泪盈眶。

例如，林芙美子写过一篇题为《风琴和渔镇》的小说，书中描述了她在十四岁时第一次跟着继父和母亲来到尾道的情形：

---

[1] 林芙美子（1903-1951），原名宫田芙美子，日本女小说家、诗人。1930年发表第一部自传体长篇小说《放浪记》，描写自己苦难的经历，因此扬名文坛。其作品细腻生动地描绘了庶民的哀欢，尤其是妇女的遭遇。

垂柳的对面，并排着三家被煤烟熏黑了的旅馆。小镇的上空布满了大片大片的卷毛云，许多商店的招牌上都画着鱼图案。

我们漫步在海边的道路上，听到一家挂着鱼招牌的店里发出嘘嘘的口哨声……

走到这家店门口朝里面一看，只见几个浑身沾满了鱼鳞的小伙子，正和着"嘘嘘"的口哨节拍砸着鱼骨。

招牌上所画的鱼是腮边夹着青竹叶的鲷鱼。面对用滑稽有趣的动作制作鱼糕的小伙子们，一时间，我们都看得入了迷。

"喂，小伙子，你们店挂出太阳旗，有什么用意？"

小伙子停下了手里的活儿，懒洋洋地转过头来说道："市长大人大驾光临了呗。"

"哦，这下可得热闹一阵子了。"

随后，我们又一齐往前走。

海边有许多小码头。在河水一般平静的海面上，有一座形状柔美的小岛。岛上有许多开着白花的树，树下有一头牛，慢吞吞地踱着步。

真是风景如画，令人心旷神怡。

信子觉得，书中所描绘的风景，简直和坊城这座渔港小镇一模一样。的确，在这条马路及码头上，除了千鸟旅馆以外，还有三四家"被煤烟熏黑了的旅馆"。挂着画有腮边夹着青竹叶的红色鲷鱼招牌的鱼糕店，这里也有三家。砸鱼骨如今已由电动机器代劳，但用菜刀剖开鱼肚子并从中掏出黑红色的内脏扔进桶里的活儿，还是由站在案板前的那一排男人婆似的中年妇女来干。

"河水一般平静的海面"似乎就是在描述这片海湾，这里的海面上虽然没有"形状柔美的小岛"，但有从东西两岸延伸入海的一长一短的海岬。海岬的小山丘上随处都有橘子园，每到春天也同样是一番白花飞舞的景象。

信子虽没见过那座叫尾道的渔港小镇，但总觉得它和自己所在的坊城小镇差不多。不过，也有不太像的地方。尾道应该没有花街柳巷的历史痕迹。

然而，信子并不在意这些不同之处，执拗地将她自己所在的小镇看作是林芙美子小说的舞台。就连被玄界滩的大风催赶着的白云，她也认为就是尾道小镇上空那"大片大片的卷毛云"。

信子现在的身份是旅馆女侍，和林芙美子的部分经历很相近。她虽然没打算要写小说，但非常喜欢读。

信子的男友是住在唐津的下坂一夫，他经常在同人杂志上发表小说。不过信子喜欢读小说并不是受了他的影响，因为早在认识下坂一夫之前，她就非常喜欢文学。

在林芙美子的作品中，信子最喜欢的就是《风琴和渔镇》。小说中的对话一般都是用东京标准语写的，但这篇小说中的用语，几乎和她及身边人所说的方言一模一样，所以单凭这点就让信子感到林芙美子的作品格外亲切。小说描述得格外生动形象，那个拉手风琴的卖药人，跟在他身后的妻子，还有十四岁的女孩子，仿佛就在眼前。

"啊,这里的景色不错啊!""我要吃章鱼腿!""不要吵!你没见你爹娘穷得叮当响吗?""又来了!一坐上火车就想吃这吃那的……""不嘛,我要吃章鱼腿!""你这孩子怎么这么讨厌!""我就是想吃嘛!""这个地方还挺不错的。刚才在火车上就看到很多寺庙,也有很多渔民。看来药的销路会不错。""真的吗?""啊……我要吃章鱼腿。""又来了!你爹光火了!要把你的风琴扔到海里去了。""又在嘀咕些什么?""真拿你没办法。"

这些九州腔的方言对话中还混杂着广岛腔。这样的方言小说总会让信子产生强烈的共鸣。

因为我讲的是方言,所以经常受到老师的训斥。老师是个三十出头的胖女人,刘海夸张地盖住额头,后面扎着一条抹布似的束发带。

"大家应该讲东京话。"

于是,大家说到自己时都以"我……"来开头,听起来温文尔雅。可我一不小心就说"俺……",结果招来大家的一通嘲笑。

在千鸟旅馆,员工们对来自本县的客人可以使用方言,而接待近县以外的外地客人时,老板要求必须使用标准语。

可是信子跟客人熟络以后,聊得投机时常常会忘了规定,冒出本地的土话。这种情形也和小说里一模一样。

"我们打小时候就在这里长大,想要说一口标准语很不容易。不说从小习惯的土话,舌头总会不听使唤,自己想说也会表达不出来。"信子曾对熟悉了的客人这么诉苦。而远道而来的客人则笑道:"这样反而好","十分新奇有趣"。信子并不认为客人是在嘲笑她。

下坂一夫嘴里的土话就少得多了,即使是跟信子见面也是如此。他明显讨厌本地方言。信子认为,这是他写小说的缘故。

"喜欢林芙美子的人都是些俗不可耐的人,你也是。"下坂一夫时常从他的尖鼻子里发出轻蔑的冷笑。

他今年二十九岁,留着长长的头发,但不是嬉皮士那种脏兮兮的发型。他的头发从头顶中央分开后向两边披下来,正好盖住耳垂。他还在头发上稍稍抹一些发油,但不多,不至于粘上灰尘。他还会时不时为了装酷甩一下遮在前额上的头发。

他的身材不错,脸颊宽阔,眼睛深邃内陷。他很为此自鸣得意,认为其中隐藏着一种文学气质的忧郁。

他为祖传的陶瓷店家业感到自卑。其实,下坂一夫家经营的陶瓷店是市内一流的,他家宽敞的店门口摆放的都是色泽精美的伊万里烧[1]。茶杯、陶钵和食器,这些高档的陶瓷堪称艺术品。他跟父兄学了些生意经,但总觉得这种事情毫无文学趣味,只是不得已应付一下而已。

六年前,下坂一夫的名字曾一度出现在东京的文艺杂志上。不过,那并非是他在那本杂志上发表了什么作品,而是因为一个

---

1 伊万里是日本九州佐贺县西部的一个港口城市。通过伊万里港输出的瓷器被称为"伊万里烧"。

大分县出身的著名作家有意偏袒九州地区,在那本杂志上半开玩笑地发表了一篇文章,文中提到了他那些平时动动笔头的朋友以及搞同人杂志的年轻人。

自此以后,九州各地就"作家""诗人"辈出了。那位大分县出身的著名作家在文学杂志上写道:"A地区的××作家创作活跃,B地区的××诗人正在默默地酝酿诗魂。"于是,被点到名的人就以为自己具有"作家""诗人"头衔,已经闻名于文坛。

因此他们在面对初次见面的人时,往往也不通报自己的家业或所从事的职业,而是一本正经地介绍自己"是××作家"或"是诗人××"。

至于下坂一夫,那位著名作家也曾用二十六个字对他进行了概括:"唐津市的青年作家下坂一夫则表现出了与众不同的奇异风采。"

因此,他在作自我介绍时也不说自己是"陶艺店的下坂",而是手捋长发道:"我是作家下坂一夫。"

"这个月懈怠了,没有好好工作。"

他所指的"工作"不是帮家里做生意,而是指写稿子。

他轻蔑地将信了所喜欢的林芙美子的小说贬入庸俗之类,认为那些小说"没有高雅的文学性","心理描写低俗不堪","文章缺乏知识性,行文毫不精炼",更重要的是"没有根据文学性的哲学理念,构筑起深远且形而上的美感"。

"推崇她的方言对话可不行啊,如果不将这种低俗的东西从小说中驱逐出去,日本的文学又怎么能提高品位呢?只是把人们日常所说的话直接搬到小说里,怎么会有创造性的美感呢?"

下坂一夫的文章中也会夹杂一些当地的土话。不过,这一点先暂且不论，在信子看来，他那夸夸其谈的文学主张和他发表在同人杂志上的作品很不一致。成堆生涩难懂的术语、陈旧不堪的老生常谈、单薄的人物性格、不知所云的心理描写、生硬枯燥的人物对话、一点也不生动的场景、意思不明的文字表达，还有味同嚼蜡的情节内容……

唐津不同于坊城这样的小渔镇，有三家像样的大书店。每家书店都有卖各种文艺杂志，每种就有六本，通常能售出一半。下坂一夫每月都订阅其中的两种杂志。

在千鸟旅馆，除了小寺康司以外，四楼空无一人。他在房间里像悄无声息的影子一样待了六天。

他的矮桌上铺着稿纸，可老没见他动过笔。信子每次到锦之间去时，总见他两腿伸在移动式的覆被暖炉里看书，要不然就是仰面朝天地躺在榻榻米上。他有时脸色凝重地盯着天花板，有时则一声不响地酣睡。在睡着的时候，他眉宇间的皱纹也不会消失。

小寺康司有时也会以手支颐，并用他那细长的手指揪自己的头发，不过这在信子的面前极少表露。有时仅仅写了两三行字，他就接连扯破多张稿纸，一会儿愁眉苦脸地叹着气，一会儿呆呆地将目光投向移门之外，咧咧嘴发出冷笑。那是自暴自弃的自我嘲笑。

清晨和傍晚有渔船进出港湾，发动机在寒潮中发出阵阵轰鸣。白天，海湾十分宁静，不过时而会传来路上来来往往的女人和孩子们的声音。

"锦之间的客人真怪啊，每天什么事情都不做，不觉得无聊吗？"梅子问信子。

"怎么会无聊呢？写小说嘛，当然要一个人冥思苦想了。"信子答道，随即又说，"说来，他来咱们旅馆也有好多天了呀。"

"是啊，看来小说可不是这么好写的啊。"

听了梅子这话，安子接口道："对，虽然读起来倒是挺快的。"

安子前一阵子从小镇上唯一一家旧书店里借了一本小说杂志，上面的言情小说使她入了迷。旧书店里的人怕书被弄脏了，还在封面上包了一层塑料纸，那塑料纸上尽是鱼油味儿。

"那位客人不会是从东京逃出来的吧？"梅子抬起眼睛瞟了一下四楼说道。

"为什么要逃出来呢？"信子反问道。

"说不定是因为女人的原因，在东京待不住了。你看他的脸，很是严肃，长得还蛮俊的。"

"对啊。小说家嘛，不就是将自己的故事写出来登在杂志上吗？要将男女间的风流韵事写得活灵活现，自己没有经历过，怎么写得出来呢？所以说，他们不跟许多女人纠缠不清是不可能的。"安子说完哈哈大笑，连牙龈都露了出来。

"就是这么回事。"梅子也跟着一起笑了起来。

"肯定是跟女人弄僵了才逃出来的。要不然，怎么会一个人跑到这种地方来？更何况是现在这么个天寒地冻的季节。"

信子原来一直认为，小寺康司是为了写小说才在旅游淡季来坊城的，只不过因为没有构思好，才成天愁眉苦脸。但是，听了梅子和安子的说法后，她觉得她们的猜想也不无道理。小寺康司自从来到这里后,就没有往东京打过一个电话,东京也没有电话来。好像既没见他寄出过书信,也没有收到过任何邮件。

且不管小寺康司是不是言情小说作家,认为他是因为男女关系的问题而躲到这里来的假设也并非异想天开。他那愁眉苦脸的样子,好像不仅仅是因为写不出小说,而是另有别的烦恼。

3

一天,小寺康司似乎被内心的这种苦恼烦得疲惫不堪,突然说要去西边走走。于是,他从小镇上唯一的一家出租车公司叫了一辆车,上午就出去了。

信子是负责锦之间的女侍,因此在客人不在的时候就进屋打扫卫生。矮桌上很乱,除了书籍之外,还散乱地放着许多东西。

她将书籍整齐地码放在桌子的一边,拿起报纸准备折叠。结果报纸下面露出了几张稿纸,是用钢笔写满了字的稿纸。

尽管随便看人家写的东西会内心不安,但在好奇心的驱使下,信子还是读了那些文字。读着读着,信子立刻就被文字所描绘的世界深深地吸引住了。

遗憾的是,总共只有六张稿纸,还没有写完。

信子感到光是读这六张稿纸有点意犹未尽。

趁人不在,偷看别人写的东西已经不对了,如果再抄录下来那就更问心有愧了。但是,信子还是没有控制住自己。

她想把这些文字抄下来给有志于文学的下坂一夫看,希望对他的创作能有所裨益。下坂一夫写的文章跟他嘴上唱的那些高调正相反，不论用怎样偏袒他的眼光来看，也看不出其中的好。

他的小说中，陈腐的词汇和表达方式很多，晦涩难懂的外来语成堆，还时不时夹杂些"戛戛独造"的生造词。连信子也时常在他的文章里发现明显用错地方的汉字。

他本人对写作虽然是煞费苦心，乐此不疲，但事实上，他的文章总是条理不清，主从关系复杂难懂，要想弄清楚一个动词所对应的主语往往要大费周折，颇伤脑筋。

因此要读懂他的句子，就成了繁重的脑力劳动。好不容易看懂了，内涵又是极度的贫乏、苍白。没有值得一提的新鲜视角，很是平庸。哪怕只有一部分能使人眼前一亮也好，可遗憾的是，连一处也找不出来。

小寺康司的这六页稿纸上的文章，用的是白描手法，十分简约练达，令人叫绝。文中并无刻意造作的痕迹，全文用贴切的词语和紧凑的结构，将所描写的场景栩栩如生地展现在读者眼前。

另外，由于行文简洁，文字未及之处也跃然纸上。省略的部分激发了读者无限的想象。

下坂一夫刊登在同人杂志上的小说自然是望尘莫及。信子在誊抄这区区六页稿纸的文字时，感受到了外行和专业之间的天壤之别。小寺康司这种将自己的观察和感情真真切切呈现在读者面前的表现手法，以及惜墨如金、精心提炼的字句，让信子不得不为之折服。

信子专心地抄录着这六页稿纸，一心希望这些文字对下坂一夫的水平提高能有所帮助。

同人杂志《海峡文学》是由七个文学爱好者共同创办的。其中有"小说家"四人，"诗人"两人，"评论家"一人。发行场所在唐津市下坂一夫的家里——下坂陶艺店。同仁们分别住在以唐津市为中心，最远到福冈市西郊的各个地方。杂志为季刊，页数一般在一百五十页左右。封面是由在福冈市从属于"二科会"的画家绘制。杂志在唐津市的印刷厂里印刷，每期印刷两百本，其中一百本为赠品。自创刊以来已经持续了三年。

七位创办人都很年轻，除一个去年结婚，其余都是单身。他们都是上班族，并且从事的职业也五花八门，有公司职员、地方公务员、产业工人、农协职员、渔船船员、商店里的营业员。

作为陶瓷店的二儿子，下坂一夫承担了一半的出版费用。但是，其他人并未按规定缴纳理应分担的另一半费用。

他们在下坂一夫面前说了一大堆理由。当然，上班族经济拮据也在情理之中，无法苛求。结果，空缺部分不得不由下坂一夫承担。就这样一来二去，下坂一夫自然而然成了《海峡文学》的代表人物。可见在任何情况下，都是谁出的钱多，谁就会得到大家的拥戴。

不过下坂一夫并没有财大气粗的资格。他是唐津市内有名的陶瓷店店主的儿子，这个没错，但他是二儿子，他从父亲那里得到的工资和普通店员没什么两样。店里的经营全由他的哥哥，也就是父亲的长子一手把持。哥哥管理得极为精细，下坂一夫根本没机会在货款上动手脚。

下坂与信子幽会时曾央求道："借点钱给我吧，付给印刷厂的钱又凑不齐了。"

说是借，可下坂一夫从来就没还过，并且借钱也带有强迫性。或许他认为自己已经占有了这个女人的身体,有权问她要点钱,估计一开始借的时候他就没打算还。

下坂一夫也自有一套说辞:"《海峡文学》已经受到了中心文坛的关注。我们当中早晚有人会在文坛上大放异彩。一百本赠品中有六十本都是寄给东京的作家、评论家以及杂志社、报社的。但光是邮寄费就不是小数目啊。不过,这又算得了什么呢?只要《海峡文学》中有人得了奖,杂志就没有白办。稍稍花些钱也是必要的。不属于浪费钱,是值得花的。到目前为止,刊登在我们同人杂志上的作品,已经有三篇受到《文艺界》的评论了。"

《文艺界》是东京一家大型出版社所办的文艺杂志,而所谓"受到评论",是指该杂志的"同人杂志评论"栏目。

在该栏目中,《海峡文学》的杂志名用黑体字印刷,而所选的作品名称和作者的名字则淹没在七磅铅字的满版排印中。评论的字数也少得可怜,只有一两行字,一般也不会将作品评得太差。因为评选者总会笔下留情,尽量不使文学青年太失望。但也正因为这样,文字写得干巴巴的,没有一丝热情。

下坂一夫对信子说,《海峡文学》的创办者中,最有可能获得文学奖或以其他方式在文坛崭露头角的人,就是他自己。他还批评其他成员毫无文学才能,甚至根本不懂什么叫文学。

下坂一夫的文学知识,主要来自每月唐津市书店订阅的两本文学杂志——多亏有他的这一贡献,书店退回给代理商的两种杂志也各少了一本。他的那套晦涩难懂的文艺理论就出于此,他的文学创作也深受刊登在那两本杂志上的小说的影响。纠缠不清的思路,叫人怀疑是否漏页的不连贯,以及大量堆砌的外来名词和汉语词汇，这些全都是从那些小说中学来的。还有，看不起林芙美子的根源也在于此。

在近一年半的时间里，信子已经借给下坂一夫五十万日元了。信子跟他秘密交往后的半年，他就开始向她借钱。换句话说，她很快就相信了他。

信子借给下坂一夫的这五十万日元，全是她的辛苦钱。由于她吃住都在千鸟旅馆，固定工资每个月只有六万日元。另外还有一些客人给的小费。在春夏旺季，客人来得多，小费自然也多。这样，她每个月的收入可以达到七万日元左右。但是在秋冬两季，特别是在冬季，几乎没什么客人。像小寺康司这样的客人可以说只是个例外。

在收入如此之少的境况下，借出五十万日元对于信子来说是一笔不小的数目。

正如下坂一夫所说，信子也认为她借出的钱没有挥霍掉，而是有意义的。不过信子并不认为下坂一夫像他自己说的那样，离中心文坛只有一步之遥。然而她又暗暗觉得：既然自己心爱的男人如此热血沸腾并充满自信地坚持，虽然有些靠不大住，自己还是应该尽可能给予支持。

信子对下坂一夫也有些不放心。因为她听说，下坂一夫不仅经常光顾唐津市的酒馆、酒吧，甚至还到博多的酒吧去。他原本就好酒贪杯，博多离唐津又不远，坐电车只要一个小时左右。

告诉她这些的，是《海峡文学》的成员之一，在渔业公司工作的古贺吾市。不上船作业时，古贺也写写"小说"，属于下坂一夫所说的毫无文学才能的那种。

信子和下坂一夫的这种关系谁都不知道。他们总是利用信子每周一天的休息日见面。通常，信子会在要见面的前一天打公用电话到下坂陶瓷店。如果不是他本人接听，信子就报个假名字，有时她也会装作是买陶器的顾客。她根据不同的情况准备了好几个假名字。下坂经常在外面跑业务，总是很忙。

接头地点是唐津车站的候车大厅。双方相互看到后，下坂一夫总是不动声色地走出人群，飞快地往信子的手心里塞一张纸条。纸条上潦草地写着下一个见面地点。一般都是要坐三四十分钟电车才到的某个车站。唐津车站有两条线路在此会合。

接下来，信子只身一人坐电车前往目的地。等她在指定的车站下车后，下坂也开车出现。他先是慢慢地在前面开上一段距离，信子则步行跟在车后。等确认完周围的状况后，下坂才会停下车子。随即，信子就急急忙忙地钻进车，坐到后排的座位上。下坂的警惕性极高，从不让信子坐在他身边的副驾驶位置上。即使信子坐在后排的座位上，他还会叮嘱她尽量弯下腰，以免被别人看到她的脸。因为可能会被熟人看到。

汽车有时直接开往汽车旅馆。有时也会开到深山里，或者海岸边的松树林里。后一种情况时，两人会先亲热一番，或是说会儿话，然后再去汽车旅馆。他们每次会尽量选择不同的汽车旅馆。近来，从博多到唐津以及从佐贺市到多久一带，都建起了汽车旅馆，其中要数博多到唐津之间的数量最多。汽车旅馆的好处在于不会被服务员或其他客人看到脸，但是否真的如此，也不能保证。

离开时，下坂会将车开到就近的火车站附近。即使如此，他还要确认四周没有熟人才肯放信子下车。然后，下坂就驱车快速离开，信子则在车站坐电车回坊城。

由于他们采取了如此隐秘的幽会方式，因此交往了两年多还没有任何人察觉到他们之间的关系。

在渔船上干活的古贺住在坊城，和信子认识，有时他会跟信子聊起与他一起办同人杂志的伙伴。信子对于这类话题往往表现出极大的兴趣，于是古贺也常常越说越起劲。

三天后，小寺康司回到了千鸟旅馆。就像他飘然离去时一样，他又悄无声息地飘然归来了。

信子去锦之间给小寺康司送茶。然而，由于不仅在客人不在时偷看了他的稿子，还悄悄地抄录，信子心里发虚，不敢正眼看小寺康司的脸，就连动作表情都有些僵硬。

"多谢你帮我整理了房间。"小寺看着信子，向她道谢。

信子出了一身冷汗，以为自己的"罪行"暴露了，可再看他的样子，似乎真的只是因为帮他打扫了乱糟糟的屋子，而在向她表示感谢。

桌上的东西整理过了。书籍、杂志、报纸、红铅笔、钢笔等，都按原来的顺序摆放着。那六张稿纸也仍在五十页的稿纸本上，静静地躺在报纸下面。唯一有所改变的，是盖在那上面的报纸已被叠得整整齐齐。

不过信子还是不敢正视小寺康司的脸。她抄录了那六页稿纸上的文字，心里总觉像是偷了别人的东西似的。不过话又说回来，光用眼睛看和动手抄录，两者的感受完全不同。通过抄录，她再次领略到了专业作家的高超水平。她之所以不敢正视小寺康司的脸，除了小小的犯罪意识在作怪之外，还因为她敬重小寺康司的缘故。

当然，这些都只是信子的自我感觉，实际上小寺康司的脸和之前根本就没什么两样。只是他眉宇间的皱纹更深了，颧骨下的阴影更加明显，下巴也显得更尖了。

"您上哪儿观光了？"信子上完茶，小心地问道。

这是作为女侍应有的客套话，不过同时也包含着她致歉的心思。她对小寺康司的行踪确有几分好奇，因为他回来后显得十分疲惫。

"去平户那里转了一下。"

"平户？风景很好吧？我没去过，可听说那里有许多小岛。"

"嗯，风景确实不错。"

从他随口应付的口气中，听不出一点感情色彩。

这个小说家不是去平户观光的。信子敏锐地察觉到，他是因为写不出东西而出去散心，希望通过环境的改变来打开思路。可看来他的这一番努力没有取得成功。从他焦躁不安的神情上可以看出，在他兜了一圈回来后，那种走投无路一般的心态一点也没有改善。信子心中暗暗佩服：不愧是专业作家，写起东西来就是认真。

小寺康司当晚又住了一宿，第二天一大早退房后，赶到福冈去乘坐飞往东京的飞机。

"承蒙你的照料，非常感谢。"

逗留十天最终也没能写出作品的小寺康司，在出发前带着疲惫的微笑与信子道了别。他不顾信子的推辞，硬塞给了她五千日元的小费。

"欢迎再次光临。到春天或夏天，气候好的时候，希望您再来。"

"谢谢！嗯，就这么定……你也要像林芙美子一样，继续学习写小说哦。"

小说家透过出租车的玻璃车窗，憔悴地向信子送去了最后一个微笑。

客人走后，信子立刻开始打扫还残留着客人气息的房间。

她看了一眼废纸篓，见那六张稿纸被撕成两半丢在里面。

信子心中一阵慌乱，感到好像小寺康司发觉自己抄录他的稿子，于是故意撕毁的一样。他在出租车上最后说的那句话，在她的心上又刺了一下。

信子将这些已经成为废纸的稿纸揣进怀里。打扫结束后，她悄悄带上一把剪刀，来到海岸边。这一带人迹罕至，信子发现停靠在岸边的渔船上没有人，便拿出剪刀，将已经被撕成两半的稿纸剪得粉碎。

信子站到岸边，将手掌中的纸屑统统抛向大海。刹那间，如同白雪一般的纸屑在寒风的卷裹下，以出人意料的气势漫天飞舞开来。最终，纸屑飘落到海面上，被无情的海浪吞没。

远远望去，可以隐隐看到对岸那些昔日的秦楼楚馆。它们在冬日暗淡的阳光照射下，死气沉沉地悄然蛰伏着。

4

在某个汽车旅馆内,真野信子将她从小寺康司那六页稿纸上抄录下来的文章交给了下坂一夫。

这个汽车旅馆位于唐津与福冈之间的某海岸小镇上。远在奈良时代,这里曾是遣唐使的船只躲避季风的泊港,如今已缩小成了渔民集聚地,感觉像博多的郊外。

海滩边仍保留着成片的松树林,翻滚的浪涛不时拍打着几处陡峭绝壁。汽车旅馆就在这松树林中,竖着一块大大的花哨招牌。在海湾对面的深处,有一座极像富士山的圆锥形山丘。

下坂一夫身穿汽车旅馆里的和服单衣坐在床上,浏览便笺上信子从那六张稿纸上抄录下来的文字。

"文章不怎么好啊。文体太陈旧了。"看完后,下坂发表了他的读后感,脸上露出冷漠的表情。

下坂知道小寺康司的大名。当他从信子口中听说小寺康司在千鸟旅馆逗留了十天,不禁将眼睛瞪得溜圆。

"小寺康司?真的?"他半信半疑地问道,"那家伙不会是假冒的吧？"

当时的他露出满脸的难以置信。

"怎么会呢？他的确长着一副小说家的模样。一头乱糟糟的干枯头发，脸色苍白，脸颊瘦瘦的，只有眼睛里闪烁着神经质的光芒。"信子觉得那人不可能是冒牌货。

信子和下坂并肩坐在床上。她注意到自己身上的和服单衣已满是皱褶，便拢了拢前襟，整了下衣服，又伸手捋了捋乱作一团的秀发。衣服平摊在她圆滑的膝盖处，像被熨烫过的一样，没有一点皱褶。

下坂紧接着又向信子打听那位客人的年纪、动作特征、说话语调等细节问题。

"你问得这么仔细，看来这个小寺康司还真是个有名的小说家咯？"信子一一回答后反问道。

"很有名啊。你们只看周刊杂志当然不会知道他。他可是搞纯文学的作家。订阅文学杂志的人里面，无人不知他的大名。只要他发表作品，一定会受到文艺时评的热议。要是他出了书，报纸上的书评栏目定会在醒目的位置为他做介绍。"

"啊，想不到他竟是个这么伟大的小说家啊。"信子瞪大了眼睛。她的眼前又浮现出自己负责招待的那位客人的模样。

"小寺康司可是一位实力派的作家。不过最近一阵子好像确实没怎么发表作品了。"

"可不是嘛，那位客人就是因为写不出东西，才整天愁眉苦脸的。他坐在桌子前，不是用手揪头发，就是哼哼唧唧的。他还去平户那儿住了三个晚上呢，可回来后还是写不出来。后来他像是灰心了，就回东京去了。你没看到，他的脸都瘦了一圈……"

"小寺康司住在千鸟旅馆时，你为什么不告诉我呢？我要是去看了，一定能辨出他是不是冒牌的，因为文学杂志上经常刊登他与别人会谈的照片。"

每月订阅两本文学杂志的下坂显摆着自己的优越感，同时不忘表达对信子的不满。

"你不是说在那半个月里你要写作，不能跟我见面吗？他偏偏就是在那段时间里来的嘛。我答应不与你联系，所以没去打扰你。"信子埋怨道。

"哦，原来是这样啊。是啊，因为《海峡文学》的截稿日期也逼近了嘛，我要赶着写一百二十页稿子呢，所以才这么说嘛。"下坂让步了，言语间流露出他"工作"之辛劳。

"为什么要写那么多呢？"

"还不是因为那些家伙写不出东西来嘛。古贺、真崎他们找了一大堆的借口，真是得寸进尺。但责怪这些原本就没有文学才能的人又有什么用呢？没办法，只得由我来写。"

古贺是坊城渔船上的船员，真崎是农协里的事务员。古贺和真崎这两个姓，都是佐贺县里的大姓。

"那又何必要硬撑着办同人杂志呢？"信子注意到下坂因为"没办法"才要写一百二十页的说法。他这种写法，能写出好作品吗？

"因为我们杂志定的是季刊，所以一期也不能落，否则在东京文学杂志编辑部那里就会没信用，我们会被全国同人杂志评论圈剔除的。那边也认可了我们的才能，所以拼了命也要把《海峡文学》撑下去。"下坂一脸认真地说道。

为了把《海峡文学》这本同人杂志坚持下去，信子也出力借了他五十万日元，可他对这功劳却只字未提。

听下坂一夫说小寺康司是著名的实力派小说家后，信子又想起了小寺康司那作家的风貌与执笔的态度——尽管没看到过他握笔的景象。但他那不肯轻易动笔的较真劲儿，给信子留下了深刻的印象。

信子不知道有"呕心沥血"这样的形容词，但她真切感受到，一个专业作家为了写出能够成为作品的文章要花费多少心血。小寺康司的眼睛始终焦躁不安地转动着，眉宇之间的皱纹也日渐加深。虽然只在千鸟旅馆逗留了短短的十天，脸颊却消瘦得很明显。在他回去的时候，人已经显得极度憔悴不堪了。

这才是小说家真实的生活状态吧？应该说，已经成名的作家在写作时依然要饱受煎熬。再看看还在练习中的下坂一夫，他的创作态度是不是太漫不经心了？下坂的自信也太足了点吧。

在口头上，他总是架子十足地谈论一些晦涩难懂的文学理论，对于文学杂志上的那些小说他也常常用许多专用术语来大加评论，可从没见他对自己写的小说做反省和检讨。他的小说，文理纠结不清，常常让人看得一头雾水，不知所云。翻译小说信子虽然看得不多，但她觉得下坂的小说就跟那种误译很多、行文乱七八糟的翻译小说差不多，场景描写得一点儿也不生动形象，全篇读完后，也不知道他要表达什么。创作意图也模棱两可，读完后，给人留下的只有疲惫和模糊的印象。

尽管如此，在读了信子抄录的小寺康司的文章后，他竟然一点儿也没有表现出感动或兴趣。

"如果那位客人真是小寺康司，那可真叫人大跌眼镜啊。"

下坂说着，将信子抄录给他的那几张便笺往床头柜上一扔，随手拿起一旁的啤酒倒了一大杯。

信子可不这么认为。她觉得小寺康司不愧是专业作家，那些文字以写生一般的手法描写了某个场景，虽然只有区区六张稿纸，但却有种使读者身临其境的魅力。这就是所谓专业作家的技巧吧。

既然写得这么好，他为什么不接着写下去呢？信子对此感到有些不可思议。

或许那些文字在外行眼里魅力无穷，而在小寺康司这样的作家眼里还不能算满意吧。所以他灰心丧气地放弃了。

从这件事上，信子感受到了专业作家那种精益求精的执著精神。回头再看看自己的男友下坂一夫，在他身上根本没有一丝一毫的认真劲儿。他遇到陌生人时，常会傲然自称："我是作家下坂一夫。"其实，这种傲慢之中除了恬不知耻、偷懒耍滑和自我满足之外，还有什么呢？

看到下坂读了小寺康司的文字后并无任何反应，信子感到很失望，也很沮丧。她原本希望这六页稿纸的抄件会使下坂感到惊叹，受到刺激，总之会对他的小说创作有所帮助，可现在看来，这一切全都落空了。

"这种陈旧的文字表达早已落伍了。现在流行的是更加新颖的表现手法。"下坂看了一眼信子那张满是不乐意的脸，一口喝干了杯中的啤酒，用强硬的语气说道。每当说话一兴奋，下坂也就顾不上什么标准语不标准语了，满口都是他自己相当鄙视的佐贺方言。

"你不看文学杂志，当然不会明白。当下新锐作家写的东西，连文体也跟以前大不一样了。新一代人自有新一代的文学，是不断进步的。只会写这种陈腐文体的小寺康司已经完蛋了。他自己心里也清楚,他是写不了了,已经走进了死胡同。你看到他那焦躁不安的样子,其实就是他走投无路的表现。他在害怕新的文学天地。你也知道芥川龙之介吧?他自杀了,就是因为看到新文学的兴起,怕自己败下阵来,才吃了那么多安眠药自杀的。

'一种莫名的不安'——这是他在遗书中留下的话。陈旧的文学被新兴的文学取而代之,如此而已。我现在写的就是新兴的文学。你是不会懂的。感谢你好不容易把小寺康司的这些文字抄了下来,可实际对我来说毫无用处。"下坂借着啤酒的酒劲,一口气说道。

信子只是一味倾听,无以反驳。尽管男友这样讲,她还是觉得小寺康司的这些文字写得很好。

下坂从侧面瞄了一眼信子,从她的表情上可以看出,她对自己的话仍不以为然。而且她的眼睛里还有一丝和现在的话题毫不相干的戒备之色。下坂在心里琢磨,她的脸色这么难看,会不会是自己隐瞒着的事被她察觉了?

下坂将啤酒杯放回床头柜,用手把信子的脸转过来,将她的脸贴在自己脸上。信子散乱的头发摩擦着他的脸颊。她的发质很硬,又浓又密。

下坂解开信子的衣服,将手探进去。浆洗过的和服单衣早已被揉得满是皱褶,而被她抚平了的膝盖部分,现在被这个男人一只手从下摆处掀了起来。

"再来一次。"

说着,下坂将信子压倒在满是波浪般皱褶的床单上。

注意到晨报上的这则报道并告诉信子的是同伴安子。当时，信子正在房间里打扫卫生，安子拿着报纸，将这则新闻特别露在最外面，一路小跑着闯了进去。

"信子啊，不会是那个人吧？就是前一阵儿住在锦之间的客人。"

社会版的下面，有一则讣告。正文前还附有一张照片，边上是人名：

小寺康司（作家）

信子看到照片后不禁惊叫起来："啊，是他！"

照片比他本人要稍胖一些，估计是在他身体状况好的时候拍摄的。长发梳得很整齐，眼窝和脸颊处的凹陷较浅，眉宇间也没有深深的皱纹，他的表情看上去很柔和。

信子将视线转向了讣告的内容。

三月二日凌晨两点五十分，小寺康司因心肌梗塞医治无效，于东京都内新宿区的久留医院去世，享年三十九岁。三月一日半夜，小寺康司感到胸闷，立刻被救护车送进该医院。一个小时后失去了知觉。

小寺康司自昭和[1]三十二年起开始发表小说，文风清新，作为青年作家而备受瞩目。昭和三十六年荣获×××文学奖，之后步入文坛，成为实力派作家之一。

---

1 日本年号，时间为1926年12月25日—1989年1月7日。昭和三十二年即1957年。

他的作品以自我体验为主要题材，表达了现代人内心的不安，其表现手法轻松潇洒而又含着一丝忧郁，广受文坛好评，同时对晚辈作家也产生了一定影响。遗体告别仪式将于三月五日下午二时，于其邸宅大田区田园调布×××举行。由其夫人智子女士主持葬礼。

心肌梗塞。

原来那人的心脏不好啊？信子回想起小寺康司那消瘦憔悴的脸庞。

毫无光泽的苍白皮肤，深陷的眼窝，消瘦的脸颊，尖尖的下颏，还有文弱的举止，这一切都是因为心脏不好的缘故啊？

难道是小说创作的辛劳让心脏受累，最终将他逼死的吗？小寺康司住在这旅馆时那张愁眉不展的脸在信子的眼前鲜明起来。

下坂一夫曾将芥川龙之介遗书中那句"一种莫名的不安"用在小寺康司的身上，难道小寺康司真的是因为惧怕新兴文学的兴起而在苦恼吗？信子不看文学杂志，不知道新兴文学到底是什么样子，但如果说下坂一夫写的那些东西有新兴文学的影子的话，她觉得小寺康司根本就用不着担心和害怕。仅凭那六张稿纸上的文字，就足以下这个结论。

那天从汽车旅馆里出来之前，下坂一夫不耐烦地将那几张抄件从床头柜上抓起来，塞进了上衣口袋，看他将那些文字批得一钱不值的样子，估计是准备将抄件给同人杂志的伙伴看，来嘲笑小寺康司吧。

小寺康司完蛋了，还在写这种陈词滥调。这说明他的没落只是时间问题。

信子似乎还能听到下坂如此说话的声音。

信子按报纸上刊登的小寺康司家的地址，给逝者的夫人发去了唁电。电文是照邮电局里的样本写的，不过信子的电文在为逝者祈求冥福的同时，也包含了她谢罪的心情。因为她不仅擅自抄录了那六页稿纸上的文字，还将它给了别人，让它被人用作嘲笑的材料，信子觉得十分愧疚。

发报人处，信子只写了"MANO"[1]。小寺夫人应该不会知道，在佐贺县电报局发电报的这个"MANO"到底是谁。

---

1 即真野的罗马音。

5

四个月过去了。

坊城的海面和街市上都迎来了夏季，千鸟旅馆也开始忙碌起来，对岸那些由昔日的秦楼楚馆改造的旅馆和酒吧，也恢复了生机与活力。

四个月的时间并不算漫长。但是对某些人来说，这可能是一段过分充实的时光，还可能发生性命攸关的事件。

真野信子属于后者。

而结束其生命的起因，则是世上极为常见的，毫无文学趣味的事情。

信子怀孕了。这便是最初的起因。

第二个原因是信子毫不知情的：下坂一夫不得不跟博多的一个女人结婚。

迫使他结婚的原因是，这个博多的女人也怀孕了，并且，这个女人逼婚逼得很紧。她在酒吧里上班，生就一张化妆后很好看的脸。她从东京来，说一口流利动听的东京话。老实说，下坂一夫很吃她这一套，跟她结婚高兴都来不及。怀孕这件事，只是让他更早下定了决心。

博多的这个女人十分好强，如果婚后被她知道自己跟信子的关系，必然会导致后院起火。这是下坂一夫感到最为恐惧的。如果让信子把孩子生下来，那么一场决战将会在所难免，自己的声誉也会成为一个严重的问题。结婚不久就生孩子，并且，几乎在同一时间，在外面又生了一个私生子，这事儿还能收场吗？父母和兄长肯定会大发雷霆。事实上，下坂好不容易以女友怀孕为由说服了家里人。家里不仅同意他跟博多的那个女人结婚，还答应给他分家，让他在博多开一家下坂陶瓷店的分店。但如果自己和信子之间的事情暴露，这一切不就泡汤了吗？自己势必会成为世人嘲笑的对象。

信子已经怀孕四个月了，但不管下坂怎样软磨硬泡，她就是不答应做人工流产。凭着女人的直觉，信子感到下坂那边一定有状况。古贺吾市是坊城小镇的渔船船员，也是《海峡文学》的成员之一。她曾拐弯抹角地向古贺吾市打听过一些下坂一夫的情况。听说下坂常去博多的酒吧玩。

信子知道，马上跟下坂结婚是不现实的，因此她并未提出这样的要求，而是说，先把孩子生下来，结婚的事可以慢慢等。信子是个逆来顺受的女人，但在生孩子这一点上，她不顾下坂的反对，极力坚持，决不让步。尽管下坂矢口否认，但信子还是隐隐约约感觉到，他是想跟别的女人结婚。对此，她开始怀疑并嫉妒起来。

谨慎的信子曾对下坂说，如果下坂打算跟别的女人结婚，她就会将两人以前一直保密的关系公开，并且要将生下的孩子抱给对方看。信子平时一直隐忍顺从，可越是这种性格的女人，一固执起来，说出的话也越是可怕。

他们两人间的这种交涉，只在每月两次的幽会时进行，因此旁人无以得知。

交涉还在持续着，信子肚子里的胎儿也在一天天长大。眼看已过了四个月，怀孕一到五个月，旅馆里的其他人也许会看出来。即使不那么明显，信子说她以后也不敢和梅子、安子一起下池子洗澡了。

下坂一夫终于拿定了主意。

在七月底信子休息的时候，下坂和她在唐津与博多间的公路边小山上的一家汽车旅馆内见面。他们幽会的汽车旅馆以前每次都会换。但自从听说信子怀孕后，下坂则总选他们第一次幽会的旅馆。

"我想跟你一起过，而且都有孩子了。"下坂说道。

"真的吗？"信子的眼睛忽闪起来，紧接着又问道，"跟你爸爸妈妈都讲明了吗？"

"嗯，前几天讲过了。"下坂抚摸着信子的手说道。

"那他们是怎么说的呢？"

"说都有孩子了，还有什么办法呢？你爱咋办就咋办吧。"

"他们有没有生气？"信子低下头，怯生生地问道。

"没生气。只说挑个日子结婚吧。"

"挑个日子？"

"嗯。我跟他们说，'现在这个样子，也不能说办就办啊。'问他们再过半年怎么样，我看他们已经同意了。再说，我是他们的儿子，要成家自然得他们拿钱，没必要客气。"

"可过半年的话，孩子早就落地了。"

"所以啊，我看要不你下个月月底把工作辞了，借个公寓先安心待产。下次你休息的时候，我们去看看房子怎么样？"

"好开心。只要能跟你在一起，别说等半年，就是等一年我也愿意。"信子扑到下坂的怀里，激动得泪流满面。

"你最好提早一点跟旅馆说辞职的事。不过，跟我结婚的事还是先保密为好，因为一下子还办不了。你就说……对了，就说有人给你在大阪介绍了好工作，你要去那边。"

"那不是骗人吗？"

"先骗一下比较好。等以后跟我正式结婚了，再让他们大吃一惊。这样不是更有意思？"

"这个……"

信子心里多少还是觉得有些不踏实，但既然自己所爱的男人这么说，更何况他亲口答应了和自己结婚，他父母也同意了这门婚事，她也就答应了。

"对了，你下次休息，从旅馆里出来时，就跟人说是因为大阪的工作要去博多跟介绍人见面。这样比你突然提出辞职不干要好一些。"下坂不动声色地建议道。

罪犯总是喜欢将犯罪地点，选在离自己的居住地尽可能远的地方。

进入八月份，信子这个月的休息日是八月五日，星期四。这一天，她按照上次在唐津大道边小山上的汽车旅馆里与下坂的约定，一个人坐上了电车，在同样沿海岸的周船寺站下了车。

出站后，信子打着阳伞沿着国道向东走了二百来米，看到路边树荫下停着下坂一夫的那辆中型车。

跟往常一样，信子坐到了后座上。下坂说坐在他身旁太显眼，从不让她坐在副驾驶的位子上。

"今天你出来时，是怎么跟旅馆的老板娘说的？"下坂一边开车一边温柔地问道。

"我说要去博多跟介绍人商量去大阪工作的事。"

身穿连衣裙的信子说着，将脸凑近下坂的后背。下坂的衬衫上散发着阵阵汗臭味儿。

"没提起我的名字吧？"

"没有。如果说了，不是会惹你生气的嘛。"

"这就对了。现在如果让千鸟旅馆的人知道了我的名字，事情就不好办了。总之，在我们结婚之前，对任何人都不要说。"

"我一直在按你说的做。"

"你今天出来时，老板娘和别的女侍有没有察觉到什么？"

"谁都不会想到我是来跟你见面的。"

"嗯，老板娘听了你的话，情绪怎么样？"

"那还能好得了啊？现在正是旅馆最忙的时候。有拖家带口来洗海水浴的，还有团体客人，忙得不可开交。可是，我已经说要去大阪工作了，老板娘对我也不好指责。我告诉她要去博多跟人家商量工作，她肯定觉得我的心已经不在这里了。"

"嗯，这样也好。"

下坂一夫听后满意地打着方向盘。从汽车的前窗朝外望去，只见强烈的阳光下，一条煞白的公路向前延伸而去。

"一夫，我们要去博多的哪里看房子啊？"

"博多市里的房子很贵，我们去看看稍偏远一点的。反正你又不用去上班，住得离农村近些会更安心。"

"那当然好了。房子的钱能省一点儿总是好的嘛。"

他已经确认信子并没有泄露今日外出是跟谁见面，她只说是为了大阪工作的事去博多见介绍人，为此，千鸟旅馆的人认为她已经心不在焉，从而开始冷淡她。下坂一夫感到很满意。

下坂一夫的车穿过博多市区，沿着宽阔的3号国道往东驶去。车子已经驶过了箱崎、香椎和古贺。这一带可以算是福冈市的郊外，陈旧的街市和新建的住宅连成了一片。信子一个人坐在汽车的后座上，伸长了脖子朝两边张望，脑海中想象着自己即将入住的公寓的模样。烈日炎炎，国道前方的景物看上去就像海市蜃楼一般。

汽车驶过了福间。左边大大的招牌上，可以看到"宫地岳神社参拜口"的字样。信子轻轻地拍了一下手，低头以示敬意。

车内只有空调发出的轻微声响。

穿过东乡，左边有一块写着"宗像神社参拜口"的大牌子。信子又双手合十拜了一拜。过了赤间之后，下坂仍没降低车速。这里已经不能算是博多了，离北九州市西部入口的折尾倒是很近。

过了赤间，便进入了山地。汽车沿着3号国道驶上了上坡路，而右边的铁道线则钻入了隧道。

"一夫，要住到这么远的房子里去吗？"信子有些担心，小心翼翼地问道。

道路两旁已经没有新房子了，能看到的都是些农舍。

"嗯，乡下空气好，有利于你的健康。虽然看上去远了一点，可坐火车从这儿去博多只要半个小时，坐公交巴士也花不了一个小时。"

话是不错，可四周也太安静了。不过想到下坂一夫这么在意自己的健康和肚子里的孩子，信子还是觉得很高兴。

这时，国道分道了，下坂将车驶向了左侧一条较窄的县道，那是通向山里的。

"哎，一夫，这是要去哪里啊？"信子有些吃惊地问。

"嗯，去海边看一下。这里的海景可美了。老待在空调环境里对身体不好，呼吸一点海边的负离子对健康有好处。"

信子找不到反对的话。再说，在空调车里待的时间长了，她自己也觉得皮肤上有种不舒服的感觉。

"大海离这儿远吗？"

"嗯，要一段距离。开车大概要四十分钟吧。就是山路有点多。"

山路被夏日的树林包围着，农舍星星点点、稀稀落落地呈现在周围。茂密的森林在强烈的阳光照射下，散发着瘴气，让人感到闷热难耐。

所谓的县道，只是由老路稍加整修而成，曲曲弯弯的。这条路穿行在五百米高的群山之间，尽是些陡峭的上下坡。路旁时不时会出现一些小村落。

当车子转入一段视野不好的道路时，下坂突然猛地将方向盘往左边打，同时踩下了急刹车。信子身子一歪，倒在座位上。

"怎么了？"信子尖叫道。

"好像撞到狗了。有条狗从路边突然蹿了出来。"停下车后，下坂开门下了车。

车外传来了狗的惨叫声。这时，从左边的农舍中跑出一个中年妇女。

"太郎，太郎！"

身穿夏季连衣裙的女人脸色大变，惊呼着小狗的名字。那只名叫"太郎"的柴犬大声尖叫着，一瘸一拐地跑到了这个胖女人的身边。

肥胖的农妇将柴犬抱了起来，检查它的前腿。下坂一夫走到她身旁，和她一起察看小狗腿上的伤。

"对不起。它突然蹿到车子前面来。还好只是撞了一下，不是很严重。"

狗腿好像轻度骨折了。

农妇明白小狗突然蹿出去也有责任，嘴里嘟囔道："太郎，叫你不要乱跑的，下次再乱跑，轧死了怎么办？"

她用手抚摸着小狗的脑袋，没理会下坂的道歉，抬头时，看了一眼坐在车里的信子。

这一撞搞不好让那农妇看到我的脸了，这可不太妙啊。算了，估计这也没什么大不了吧。

下坂一边继续开车，一边在心里嘀咕。

糟就糟在信子的脸被她看到了。我是够小心的了，但谁料得到会蹿出一条狗，真是防不胜防啊。不过，也用不着过分担心。她又不知道我是谁，又是从哪里来。一个旅馆女侍因为找工作失踪的事将会发生在坊城，离这儿远着呢。过不了几天，那个村妇也会忘记小狗被车撞了的事，信子的长相一定也会被她忘得一干二净吧。

汽车继续沿着夏日的山路往上驶。周围已看不到一户农舍，四处都是被阳光晒蔫了的树木和草丛。

正前方有一座高山。那是桥苍山。强烈的太阳光透过山腰上的密林，在草地上晒下条条斑纹。

下坂一夫将汽车驶入茂密的杂草丛中停了下来。

"怎么了？"信子看了看四周问。

"先在这儿歇会儿。我想抱你了。我们在草地上躺会儿吧。"下坂回头对着信子笑道。

"啊？在这地方吗？"

信子吃了一惊，随即臊得满脸通红。

6

秋天来临了。

星期天,四国地区某县警搜查一科科长香春银作横躺在自家檐廊的地板上,翻看着杂志《文艺界》。

有人或许会感到奇怪,一位四十来岁的搜查一科科长,怎么会看起文学杂志来了呢?其实,香春在上高中时就喜欢文学。考大学时,他听了父亲的话,进了法学院,但也曾一度考虑过要将写作作为一生的职业。

因此,在上大学时,他结识了一些文学系的同学,也加入他们创办同人杂志的活动。但后来他掂出了自己的斤两,发现成不了专业小说家,于是就进了警察厅。

然而,他也并未将昔日的梦想全部抛弃,时常还会买些文学杂志回家翻翻。人在十几、二十来岁时对任何事情都很好奇,他还记得当时文学杂志上所刊载的小说和评论都曾使自己激动不已。可如今,不知是由于上了年纪,抑或是时下的作品及评论越写越烂的缘故,看完后,他很少有以前那样的感觉了。

年轻评论家所写的文学评论里，尽是些抽象的词句，绕来绕去没有重心。而且这些文字的表达方式也十分难懂，读起来让人觉得，作者原本就没什么东西可写，是编辑的催促迫使他硬着头皮下笔。或许他根本没有单刀直入、切中要害的勇气，所以老是在玩文字游戏。

而一些有名的评论家看上去在评论外国文学，结果也仅仅是介绍了作品的大概内容而已。并且讲的都是一些对本国文学不会有什么影响的作家和作品。

有些关于明治时代文学的争论文章，标题看来似乎有点意思，可细读却发现，他们讨论的是，某某作品中出现的作家的单相思对象，究竟是Ａ女士还是Ｂ女士。于是讨论的主题便偏离了作品本身，开始探秘起人物原型来。而这些论点也没有什么确凿的依据。套用警察的行话，香春觉得这相当于不同侦查小组互相展开预测性侦查，然后对对方的搜查结果给予冷嘲热讽。

刊载的小说也极为单调，给人以千篇一律的感觉，极少看到特色鲜明的小说。人物往往明显具有作者自己的影子，对于日常心理虽也算细致刻画，但并未深入内心世界，只在表面上仔细地玩文字游戏。说它"仔细地"，还是一种善意的委婉说法，说得不好听一点，那些描写简直就是自我陶醉。这些烂文章中排满了晦涩的铅字，全是些不知所云的修饰词。

作者似乎以年轻人居多，他们的阅历原本就并不怎么丰富，可非要故作深沉，把作品搞得装腔作势，只让人觉得苍白无力。也有一些作品采用思辨性的表现手法，但其心理描写部分往往太过另类，缺乏可读性。还真亏他们有耐性，这种枯燥乏味的文字，竟能写上一百五十页甚至两百页。身在乡下的前文学青年县警搜查一科科长觉得，那些文学杂志的编辑太不负责任，竟会收集这样的稿子，并安上个"纯文学"的名头来唬人。

县警署内也有一些爱好文学的年轻人，也编了一本薄薄的同人杂志。他们知道搜查一科科长香春银作是一位老资格的"文学青年"，所以同人杂志的编辑委员们极力拜托他投稿。

香春银作原本就喜欢文学，尽管警务繁忙，他每年还是会抽空写两篇小说交给同人杂志。一般是三十张稿纸的篇幅，有时格外卖力一下，也会长出一倍。他写的小说都为现实题材。

同人杂志发刊后，成员们会聚在编辑部开一个讲评会。香春科长不参加这个会议，但会后会有评论委员向他报告情况。

评论委员中有一名交通科的青年警察。

"科长，您这次的小说又未获得好评啊。"

"哦，怎么说？"香春科长微笑着问道。

"首先，文字略显陈腐。"

"嗯，或许是吧。我不会眼下那种绕来绕去的表达方式，还有对话，我也写不出最近流行的那种小说翻译腔。那些矫揉造作、不明国籍的人造对话，看了就叫人起鸡皮疙瘩。"

"然后，您小说的故事性太强了。"

"呵呵，小说不该有故事吗？"

"故事性一强就易落入俗套。那就不是文学了，成故事了。"

"哦，是有大评论家这么说过，什么故事性太强就不是纯文学。可是你看看，现在被那些正统评论家说得嘴里生茧的夏目漱石，他的小说不也是有故事情节的吗？再看森鸥外、一叶、露伴、龙之介、陀思妥耶夫斯基、托尔斯泰……"

"但是您小说中的破绽太明显。"

"我写的是现实题材的小说,有些破绽也是难免的。写私小说[1]自然就没什么破绽。没头没尾的,可以随心所欲地写。写自己和一只猫的生活感受什么的,会有什么破绽吗?所以会获得评论家的赏识。时下的一些青年小说家,说不定就是为了让评论家说几句好评,才故意将小说弄成类似私小说的样子。也难怪,他们本就没有什么经历和体验。这些小说家既不是为了自己写小说,也不是为了读者,而是为了获得评论家的赞扬。他们动笔之前,只动脑子想,这次我这么写,那些评论家一定会把我的东西拿出来点评。"

"唉,反正请您写点让大家都叫好的作品吧。"

从那以后,在秋高气爽的休息天,搜查一科科长香春银作总会躺在檐廊的地板上,沐浴在阳光中翻看杂志《文艺界》。

今天也是如此。看完一篇实力派作家的长篇小说后,香春科长打了一个哈欠。他感到拿杂志的手有些发麻。

放眼望去,摆放在院子里的一棵盆栽白菊花上,停着一只不知是蜜蜂还是牛虻的昆虫。它正要钻进层层叠叠的花瓣中去。秋日的阳光给花瓣镶上了一圈金边,那只小昆虫一边往花瓣里钻,一边扇动着翅膀。翅膀在阳光中显得熠熠生辉。

这盆白菊花是去年在花鸟市场的夜市上买的,买回家拆开外面漂亮的包装,发现里面却是个脏兮兮的土红色瓦盆。栽到别的

---

[1] 日本大正年间产生的一种独特的小说形式,内容多为脱离时代背景和社会生活而孤立描写个人身边琐事和心理活动。

花盆去又嫌麻烦，就一直这么搁着了。时间一长，也就看顺了眼，反倒觉得颇具情趣。他忽然想到，这种感觉或许能当私小说的题材。

香春重新又拿起了《文艺界》，将枕头换了一个位置，仰面朝天躺下，然后翻动书页。

小说栏目他已经看够了，于是翻到了卷尾处的"同人杂志评论"栏目。这里密密麻麻地排着三大段七磅铅字。

　　本月共收到杂志一百一十七本。其中有新创刊九本，诗刊七本。

　　评论者在开头处这样写道。

数量真惊人啊。按每本杂志平均刊载三篇小说计算，那就是说，评论者必须在一个月内看完三百五十篇小说，并且从中进行挑选，加以评论。

好像有三位评论者共同承担这项工作，但不管怎样，光阅读这些作品就是极为沉重的工作量。想到此，香春不由得对这些编辑肃然起敬。

不过，他们警署编的同人杂志一次也没被提到过。这并非是因为他们的杂志内容太差，而是他们根本就没寄给过《文艺界》编辑部。

因为一旦登上《文艺界》，那么这本同人杂志出自县警之手的事实也定将公之于众，他们担心在社会上造成负面反应，所以没送审。

"警察还玩文学？怪不得破案率这么低呢。有这份闲心的话，还是多用些心思在工作上吧。"这样的声音肯定会从四面八方飞来。

仅仅是这样倒也罢了。因为创作小说，自然会涉及夫妻关系、男女言情之类的主题。这样一来，难免会引起读者的猜测：这些情节或许就发生在作者，也就是警察身上吧？

人们一定会评价："警察原来竟如此纲纪败坏、作风腐败。"即使不是这么想，也会怀疑小说的题材是否来自对嫌疑犯或证人的审讯调查。

"警察们竟然利用职务之便，打探他人隐私并写成小说，这不是严重侵犯人权吗？"很可能会招此非议。

正因为担心上面可能出现的状况，县警们所编的同人杂志从未寄给过《文艺界》。如果给他们寄去的话，香春科长觉得他的文章肯定会获得好评。

> 该作者的洞察真实，无论是文章结构还是文字功力都出类拔萃，让人深刻感受到作者深厚的文学功底。这种从容不迫又极具冲击力的作品，是不可多得的，称之为本月佳作之冠也绝非谀辞。

香春科长感到很遗憾，不过他并不奢望在不惑之年被称为"新锐作家"，同时他自己也清楚，要想成功也绝非轻而易举。

因此，他非常满足于目前的状况。在秋日的阳光下，慵懒地躺在地板上，随手翻阅《文艺界》这样的文学杂志。读读别人的小说，随心所欲地在内心评论：这篇写得不错，我恐怕是达不到这样的水平，幸亏我早已放弃了文学梦想。或者嘀咕一下：这一篇怎么这么臭呢？就凭这水平也能被人称为作家？如果这样，说不定我也能成为专业作家呢。

"同人杂志评论"栏目的可读之处在于，它会介绍所选作品的内容梗概并引用一段原文，同时在此基础上再加以评论。根据作品的梗概和所引用的部分原文，就能想象出作品的大致内容，再结合编辑的短评，便能推断出该作品的水平。

"同人杂志评论"栏目中所提到的作品，都是从一百多本同人杂志中选出来的。与其说它们的内容千差万别，倒不如说文章题材丰富多彩。因为作品来自全国各地，作者也从事各行各业，所以题材本身就十分引人入胜。专业作家大多取材于身边的小天地，并在编辑的催逼下赶制作品，与之相比，同人杂志展现的世界就要宽广得多了。

有评论家对同人杂志的内容发出过这样的感慨："纯文学杂志上刊载的小说，大抵是经过加工润色的小市民的日常生活报告，或者是作家根据身边琐事写的随笔，要么就是某大家、中坚作家的读书心得。相比之下，我觉得阅读同人杂志上的作品更有趣味。虽然其表现手法和技巧远不及老练的专业作家，但其新颖的视角和充沛的热情时常会打动我的心。"

对此，香春科长也深有同感。

对于数量庞大的同人杂志，评论有时会赞赏文章"有值得细细品读之处""细节描写虽然不多，但却十分到位""具有讽刺意味""观察细腻，文章平实""笔端流露出清新的感情""最后一幕描写得极具冲击力""蕴含着一种批判的精神，尽管尚不够成熟，但的确算得上是不可多得的好作品""结尾处干净利索，可称为短篇佳作"。

除了赢得这些赞许之词的小说，也有一些作品似乎令一些温和的评论家很生气。它们会得到如此评论——"莫名其妙的内容，晦涩难懂的文体，莫非有意抗拒评论？""矫揉造作的情景安排随处可见，整体结构支离破碎。""给人以强烈印象的场面描写很多，很成功，但有点过分天花乱坠，作者是不是以为不这样就不算小说了？"

读着读着，香春科长看到了这样一段评论文字。

同人杂志的小说中，有时会出现一两处特别出色的场景描写，就像一个个闪光点，吸引着我们这些评论者的眼球。如同阳光照耀下的河面，只有被照到的地方才会发出令人目眩的光彩。这是整部作品中令人瞩目的亮点，有时，这部分的水平甚至远远超过其他作品。一般来说，作者特别感兴趣的部分、特别希望倾诉表达的部分、一气呵成的部分，即所谓特别想"展示"的部分，都会写得比较好。于是作品中的其他部分，也会因该部分格外突出，而与之产生巨大的落差，甚至水平有时还不及亮点部分的一半。作为一个极为典型的实例，本月，我们选出《海峡文学》（秋季号★唐津市）中，下坂一夫所著的《野草》的部分内容。就其内容而言，该作品极为普通，甚至可以说尚未达到一般的水准。然而，其中有六页左右的文字却十分出色。在此，请允许我们省略其内容梗概，直接引用该部分的文字（刊载于本杂志二百七十三页）……

香春科长读罢，觉得这倒是一段难得一见、不落俗套的评论，于是就翻到了二百七十三页。在那一页上，杂志以另辟专栏的形式，刊登了评论家所推荐的文字。这可是难得一见的破格待遇啊。

读完这段文字后，香春科长将杂志反扣在地板上，呆呆地将目光投向了院子。阳光下，还是那个带有斑点的土红色瓦盆，白色的菊花依然从容地吸收着秋日的光照。只是钻在花瓣中的那只不知是蜜蜂还是牛虻的昆虫，早已不见了踪影。

香春银作的眼中闪烁着深受触动的光芒。然而，这种触动与这篇引用的文章所带来的文学性触动却略有不同——不是产生自一个老文学青年的身份，而是作为县警搜查一科科长，出于职业敏感性的"触动"。

7

与同一情节脉络相关的两起事件，正沿着时间的先后，平行展开。

那是发生在九月中旬，四国地区某县警搜查一科科长躺在自家地板上一边享受着秋日阳光，一边翻看《文艺界》之前一个月的事情。

那时的阳光还带着残暑的余劲，格外强烈，搜查一科科长家里的盆栽菊花，连花蕾都尚未形成。

却说此时，下坂一夫已经与博多的女人结婚了。他从父亲那里搬出来后，在福冈市内租了一套公寓，和新婚的妻子一起过起了小日子。

原来他打算在结婚的同时到博多的商业街上开一家下坂陶瓷店的分店，但一时找不到合适的店面，而且他妻子的肚子也在一天天变大，于是他决定先借公寓安顿下来，再考虑开店的事。

下坂一夫的妻子原先在博多的酒吧上班，名叫景子。

景子很想去一趟博多以东一个叫针江的面朝响滩的小渔村，

因为她姨妈的家就在那里,她想去那里看望一下姨妈和姨夫。

他们在唐津市举办婚礼时,景子的姨妈和姨夫也赶来出席了。下坂一夫在那时第一次见到他们。

"景子今后就拜托您了。她能有这样的好姻缘,我们也就放心了。我们是力不从心,没能好好照顾景子。现在她能嫁到你们这样的好人家,我们真是打心底里为她高兴啊。"当时,景子的姨妈曾热泪盈眶地一再向下坂一夫表示感谢。

景子的姨夫家曾是当地的渔霸,祖祖辈辈都从事渔业,但随着渔港的衰落和萧条,他家也渐渐脱离了本行,现在仅拥有一片不太大的山林。姨夫是当地一所高中的语文教师,同时兼任神社的神主。他毕业于东京教育大学,在上大学期间,跟景子的姨妈结了婚。

景子从东京来博多,最初就是来投奔她这位姨妈的。后来,她觉得总不能老这样在姨妈家里吃白饭,在乡下又没什么事情可做,于是就去了博多的一家小公司上了几天班,随后又去了酒吧挣钱。

景子的姨妈对下坂一夫所说的自己"力不从心,没能好好照顾景子",其实就是指这个。由于她丈夫既是高中的语文老师又是神社的神主,却不能照顾好侄女,让她去酒吧上班,她觉得内心惭愧。所以现在侄女和唐津市陶瓷店店主家的儿子结婚,她自然感到十分高兴。

景子的姨夫长得很瘦,从外表上看,比实际年龄要更显老一些。脸被海风吹得黑黑的,头发全白了。他在婚礼上致贺词道:

今天,我是第一次看到唐津海岸的风景,其壮丽的景色让我感到十分激动。然而，更使我感动的，是这唐津的海水会流向我所居住的针江的洋面。众所周知，对马暖流由西向东流经九州北部。因此，景子与一夫的姻缘绝非偶然，而是如同这对马暖流一样，是冥冥之中早已决定的。看到唐津这美丽的海岸线，我更感到他们的结合是命运潮流中的佳缘。

目前我在高中执教，同时在神社兼职，该神社叫织幡神社，而这个神社也与唐津有缘。该神社祭奠的神明是织幡媛尊神，有很多人认为这位织幡媛尊神是一位掌管纺织的女神，其实不然，织幡媛乃是神功皇后[1]的别名。唐津也与神功皇后有着深厚的因缘，神功皇后就是在这附近扬帆出航，踏上远征三韩的征途。大家知道，唐津的前面有一个名叫深江的地方，传说当时神功皇后正怀着应神天皇，她将石块绑在腰间，祈念在凯旋之后再临盆生产。这便是"皇子产石"的传说。这传说就发生在离唐津很近的深江，这更加说明了景子和一夫的结合，是极为可喜可贺的一段良缘。

我所居住的针江，与唐津不分上下，海边的风景也十分壮丽。两地都临海，唐津有玄界滩，针江则有响滩，景致各有千秋。来针江可以乘国铁在赤间站或海老津站下车，那里有公交巴士直达针江。所以，请各位一定来此观光旅游！

1　日本史上首位女性君主，三度出征朝鲜半岛，开日本海外拓土之先例。

姨夫不仅在婚礼致辞时邀请大家去针江游玩，还跟姨妈多次邀请下坂一夫和景子一起去针江。

然而，下坂一夫在听姨夫的贺词时，并没有像身边的宾客们一样笑逐颜开，因为他猛地想起了一件令他心惊胆战的往事。

他记得织幡神社这个名字。不是听到的，而是看到的。那是刻在石头上的文字……

"啊？在这地方吗？"当时信子满脸通红地问。

下坂一夫拉着她的手往山坡上爬。头顶烈日高照，脚下是升腾着热气的草丛。再往上爬一点，杂树林就更为茂密了，里面相当昏暗，很阴凉。这里是个避人耳目的佳所，干什么都不会被人看到。

还没到杂树林深处，在五六棵密植的松树前，信子突然甩开一夫的手，在松树下跪了下来。

松树林中有一间破旧的小庙，信子对着它双手合十参拜。

庙旁有一块花岗岩石柱，上面镌刻的文字虽然有些风化，但还是能清晰地辨认出，刻的是"织幡宫"三个字。

那是一座乡下常见的小庙。

不论景子如何软磨硬泡，下坂一夫就是不肯去她姨妈姨夫所在的针江。

高中教师兼神社神主的姨夫在婚礼致辞时也说过，乘国铁在赤间站或海老津站下车，都有公交巴士直达针江。针江位于突入响滩海面的半岛岛尖。

去看看大海吧。这一带的海景很值得一看，不过要走上一段山路。

下坂曾对信子这么说，但却没带信子去看海，而是一过赤间，就将汽车从国道开入北边的岔路。他当时是以看针江海景为借口的。

和景子结婚之前，下坂并不知道她姨妈一家就住在针江，因为她从未提起过她亲戚的事。

婚后，景子的姨妈姨夫不断地来信邀请他们去针江玩，但下坂一夫就是置之不理。

"一直不去对姨妈姨夫不礼貌，我们还是去一趟吧。这里开车过去也就一个半小时左右吧？"景子央求道。可下坂还是不肯点头。

"没这个心思。明年后年或许会去。最近我的心思全在开店的事情上，没工夫玩。你要是想去的话，一个人随时都可以去。"

说到开店的准备工作，他正忙着找店面。这一阵，下坂确实在这方面很下工夫，博多市内的房屋中介他几乎都跑遍了。

靠近闹市的地方房租贵得吓人，房租适中的地方又太冷清，可能没生意。

就在他焦头烂额的时候，一家房屋中介告诉他说找到了一处合适的店面。该店面位于闹市街上，现在卖电器，只要交付一定的费用，人家就肯转让。费用虽然不便宜，但也并非贵得离谱。那个开店的老板似乎正急着筹钱还债。下坂那身在唐津市的老父亲听说此事后，表示愿意出这笔钱。

这样，通过中介，双方基本上达成了共识。

为了慎重起见，中介提议道："请您与房东见个面吧，店面重新装修也需要跟房东商量。听说房东还想涨一点房租，这也要您跟他直接商量。估计谈一次还定不下来，看来您还得往房东家跑好几次呢。"

"房东住在哪里啊？"

"赤间。"

一听说房东住在赤间，下坂一夫立刻在心里，把这件事给枪毙了。

"还是请你帮我另找别处吧。"

"别处可再也没有这么合适的门面了。请问您觉得什么地方不满意呢？"

"具体也说不清，我总觉得不怎么合适。总之，还是请你帮我再找一下别处吧。"

那中介听了，一脸的茫然。

景子听下坂一夫谈起此事，也说道："太可惜了。这么好的店面你怎么就回绝了呢？能再去问一下吗？"

自从听说有这么个店面要转让的事，景子也暗地里踩点去那个店面转过两三次。她对那家店面十分满意。

"已经回绝了，还有什么好问的。"

"真是太可惜了。你干吗不要那个店面？"

不想要那个店面的真正理由，下坂对谁都不能说。

要说理由，其实只有一条，那就是房东住在赤间。要将店面重新装修成陶瓷店的格局，必须取得房东的同意。听中介讲，那个房东似乎比较顽固，因此去一次估计还不行，得去好多次。再说，房东有可能要涨价。这么多事，去两三次肯定解决不了。

倒霉的是，房东偏偏住在赤间，离"那个地方"太近了。

话虽如此，下坂一夫的日子也不全是在愁苦中度过。

十月上旬，他去书店看了看刚到的文学杂志。福冈是个大城市，读书人也多，不像唐津那种小地方，这里的书店多，每种文学杂志都有二十来本。

下坂一夫首先拿起《文艺界》，翻到最后几页。因为他心中暗暗怀着一个小小的期待。

七磅铅字的"同人杂志评论"栏目共有三段，黑体字的《海峡文学》一下就跳进了他的眼帘。

同人杂志的小说中，有时会出现一两处特别出色的场景描写，就像一个个闪光点，吸引着我们这些评论者的眼球。如同阳光照耀下的河面，只有被照到的地方才会发出令人目眩的光彩。这是整部作品中令人瞩目的亮点，有时，这部分的水平甚至远远超过其他作品。一般来说，作者特别感兴趣的部分、特别希望倾诉表达的部分、一气呵成的部分，即所谓特别想"展示"的部分，都会写得比较好。于是作品中的其他部分，也会因该部分格外突出，而与之产生巨大的落差，甚至水平有时还不及亮点部分的一半。作为一个极为典型的实例，本月，我们选出《海峡文学》（秋季号★唐津市）中，下坂一夫所著的《野草》的部分内容。就其内容而言，该作品极为普通，甚至可以说尚未达到一般的水准。然而，其中有六页左右的文字却十分出色。在此，请允许我们省略其内容梗概，直接引用该部分的文字……

世事难料啊。下坂一夫那么怕去针江，结果还是非去不可。不过，他不是去拜访妻子的姨妈和姨夫，只是要经过那里的海岸而已。

事情是这样的。

福冈市有一位懂文学的老文化人，此人曾是大学里教德国文学的教授。现在虽然退休在家，但他与处于文坛中心的著名作家交往甚密。那些作家们的随笔或交友录中也经常出现这位老教授的大名。他被推举为福冈市的筑紫文化人联盟的会长。因此，不仅是福冈市，就连整个九州的文学同人杂志的主编们也对这位原大学教授十分敬重。

下坂一夫发表在《海峡文学》的小说受到了《文艺界》"同人杂志评论"栏目的赞赏，并且受表扬的六页内容还被引用了。这在九州搞文学同人杂志的同好中引起了巨大的反响。因为在《文艺界》上点评该文章的A先生，是当代一流的评论家，以辛辣尖刻著称。能得到他的赞赏，并且《文艺界》还破例在有限的版面里引用了那六页内容，这在文学圈子中刮起一阵小小的旋风，也就是情理之中的事了。

下坂一夫已经迁至福冈市定居了。这位原大学教授、文化人联盟会会长提议集合同仁举行晚秋一日游，同时也为下坂一夫的作品得到《文艺界》的好评祝贺一下。计划是租两辆巴士乘至北九州的响滩海岸边，感受自然，释放心情。

不过，其他同人杂志的成员中也有人对此颇有微词。有人就认为，这只不过是被一本文学杂志的"同人杂志评论"点评了几句而已，却搞得像得了什么文学奖一样，真可笑。再说了，引用的文章，也并不像评论者说得那么好。不知一贯严格的评论家A先生这次是怎么了，是手下留情，还是看走眼了？不过，同人杂志成员间的竞争意识强，他们往往会对别人的成功产生嫉妒。

然而，在原大学教授——"盟主"的盛威之下，还是组织了会员的海边之游。下坂一夫听说这次活动有多半原因是为了祝贺自己，也就不能不参加了。而且巴士只是经过响滩海岸边，下车吃午饭的地方也在别处，他觉得用不着太担心。

出发前，景子听了行车路线后说道："不是正好凑巧吗？既然路过针江，可以顺便看望一下姨妈姨夫。他们肯定会很高兴的。"

但一夫断然回绝道："巴士只是路过针江而已啊。这次是集体活动，我一个人自说自话跑开，不是给大家添麻烦吗？"

他又补充说，等明后年安定下来好好计划再去。这时，景子的肚子已经相当大了。

8

在巴士上,下坂一夫和《海峡文学》的同仁古贺吾市两人并肩而坐。

来自坊城的渔船船员古贺悄声告诉一旁的下坂,说他喜欢上了坊城某旅馆的一个女侍。可是,这个女孩子却在三个月前销声匿迹了。

古贺开始讲这件事时,巴士刚好经过国铁海老津站,从3号国道转入一条朝北的岔路。路口处立着一座大大的花岗石鸟居。

进入海老津小镇之前,铁路钻入了山中隧道,而国道则沿着山峦开始爬坡。在坡顶处,另有一条狭窄的县道往北而去。

下坂一夫透过车窗瞟了一眼那条曾经路过的县道路口。如今,林中的树叶已经染红,路边的野草也已发黄,白色的芒草穗子在风中左右摇摆。在那时,树木枝叶还很茂盛,看上去苍翠欲滴,夏草也是一片绿意盎然。汽车曾在那样的景色中行进,后座上坐着信子。

县道的路口只一瞬间就从巴士的车窗外消失了,下坂一夫的回忆也随之消失。这便是所谓的眼不见为净。只要不看到，也就不会去追忆了。眼下，只见白色的国道上，小轿车一辆辆轻松地超过巴士，而满载货物的大卡车则发着轰响从后面冲了上来。国道反方向上是长长的车流，车辆络绎不绝。这条连接博多与门司的3号国道一如往常地忙忙碌碌，根本没人会注意县道路口。

"那个叫信子的旅馆女侍，人很聪明，长得也很好看。让她做旅馆女侍，真是可惜了。"渔船船员古贺吾市在下坂一夫的身边说道。

这时，巴士开上了乡间的公路。小轿车少了许多，大卡车就更少了，倒是出现了一些耕耘机之类的农业机车，它们转动着窄窄的履带，慢吞吞地向前挪动。道路的两旁是大片的农田，稻子已经收割了近一半。有农民从田里直起腰来，眺望着从田边开过的这两辆巴士。

"她大概有多大呢？"下坂一夫假装问道。

"不太清楚，看样子大概二十四五岁吧，可能还要再大一点。"

"哦，要说嫁人的话，似乎有点耽搁了。"

"话不能这么说。即使是这个年龄，她要嫁人也很吃香。何况信子身材又那么好。"

古贺吾市压低了声音，为了不让前座的人听到。他的眼睛眯成了一条缝，露出几分陶醉的神情。下坂一夫十分明白古贺吾市的这种心理。

下坂一夫在心中暗笑。古贺吾市一定做梦也不会想到，无数次享用信子那姣好身体的正是自己。挺拔而富有弹性的乳房、柔软的腹部、圆润的大腿和小腿。这些部位，他已经用手指、掌心抚摸过、抓捏过不知多少次了。她那丰满肉感的身体简直令人欲罢不能。自己曾经无数次吻遍她的全身，吮遍她的全身，使她全身都沾满了黏糊糊的唾沫。

曾经那样令人发狂的肉体，现在正在泥土中一点点地腐烂。尸体变成一具白骨需要多长时间呢？如果需要一年的话，那么现在应该还留有一半的皮肉。深褐色的腐汁此刻正在向泥土中渗透吧？只要脸部腐烂掉，使人辨不出相貌就好。

"信子是个很聪明的女孩子。我每次出海回到坊城，就想去千鸟旅馆跟信子姑娘聊天。信子也很喜欢听我说话。旅馆的另外两个女侍就不爱听。而且，说了她们也不懂。"古贺吾市继续说着信子的话题。

"你都跟她聊些什么呢？"

"聊文学什么的。"

"文学？"

"嗯，信子她看过不少小说。听说我是《海峡文学》的同仁后，她非常感兴趣。我一谈到同仁们的情况，她就会一动不动地听。"

"你跟她说了《海峡文学》的事？"下坂一夫有些不安了。

因为他跟信子幽会时，没听她说起过古贺吾市的事情，不过倒是提起过古贺吾市的名字。当时下坂还斥责她，叫她不要和《海峡文学》的同仁多说话。因为他们两人之间的关系不能让任何人知道。下坂提醒过信子，如果她跟那些人来往，可能会一不留神把两人之间的事情说漏出去。

从那以后，下坂一夫再也没听信子说起过古贺吾市。但是现在看来，她还是在背地里饶有兴趣地打听《海峡文学》的同仁。

既然古贺吾市跟信子讲过同仁们的事情，那就很可能会提到自己。不，不是可能，应该是肯定。因为信子一定对自己的事十分感兴趣。

古贺吾市住在离唐津有段距离的坊城小镇上，并且一个月中有三分之二的时间都待在渔船上。因此，下坂跟他并没有密切的来往。不过，他一定从别的同仁那里听说过自己的传言。譬如自己经常去博多的酒吧喝酒，并且有个相好的女招待，等等。这些事古贺不会跟信子说了吧？

"那么，你跟那个叫信子的女侍说起过我吗？"下坂假装开玩笑地问。如果表情过于认真，古贺可能会察觉到自己认识信子。

"嗯，没怎么说，只是提到过你的名字，还说过别的同仁。"古贺吾市解释道。他不想让人认为自己很多舌。

下坂一夫从他的言语和表情判断，他似乎根本没有察觉到自己和信子的关系。只要知道这一点，就可以放心了。

不过，等等，现在放心还为时过早。信子走了之后，千鸟旅馆方面对此又是如何看待的呢？

下坂觉得这一点必须问个明白。

从车窗朝外望去，稻田已经看不见了，左边是低矮的丘陵，右边是一大片松树林海，当地称之为三里松原。松原下面是白色的沙丘。这里离海边已经不远了。

"你很喜欢那个叫信子的女侍吧？"下坂一夫有意关切地问了句。

"嗯，我是有点看上她了。再过一段时间，说不定会更加为她着迷。"

古贺吾市那张饱经海风的脸上,罩着一层茫然若失的阴影。

真是个倒霉的家伙,下坂心中暗想。他内心的这个想法,使他脸上同情的表情看起来还真像那么回事。

"那个叫信子的女孩,懂你的心思吗?"

"不清楚。我是个害羞的人,没好意思向她表示。要是早知道信子会辞掉旅馆的工作去大阪,我肯定觍着脸也要在这之前鼓足勇气跟她表白,虽然不知道她是否真的会理我。"

"你没勇气说?"下坂厚颜无耻地问道。

"是啊,就是没有勇气。"古贺吾市无奈地叹息道。

"真是可惜啊……对了,那信子姑娘干吗要去大阪呢?"

叫信子告诉旅馆的人,说要去大阪工作,近期就要辞职的,是下坂一夫。看来信子的确忠实地按照他的要求,跟旅馆里的人那样说了。

"听说,信子跟旅馆的老板娘说,她在大阪找到了好工作,还说给她介绍工作的人住在博多,她要去那里跟人家接头。但结果一去就再也没回千鸟旅馆。"

"这又是怎么一回事?"下坂一夫明知故问道。

"千鸟旅馆的老板娘估计信子跟博多的介绍人直接去了大阪。老板娘很生气。"

"为什么?"

"还不是因为信子突然说要走嘛。老板娘说,冬天淡季时她在旅馆里倒是优哉游哉得很,到了夏天旅馆忙起来了,她却说要走,这不是存心刁难人吗?所以信子说要辞职不干时,老板娘发火了。估计就是因为这个,信子才招呼也不打,从博多直接去了大阪。"

信子确实说过，在她提出辞职不干后，老板娘一下子对她冷淡了。那是最后一次幽会时说的。

"那么，知道她去了大阪的哪里吗？"

这是个很重要的问题。

"不知道，旅馆那边好像也不管信子了。"

"那她这么一走，工资也没拿吧？"

"旅馆女侍的工资很低，这倒不算什么。比较起来，客人给的小费倒多多了。"

"那么信子的东西还留在旅馆里没拿走吧？"

"嗯。不过也只是一个包裹而已，老板娘觉得信子大概也不要了。"

"为什么？"

"老板娘说那个博多的介绍人，也搞不清到底是真的中介还是情人。因为信子平时休假的时候，从不对人说到哪里去。晚上八点多回来时，总是一副很累的样子。老板娘还恶狠狠地骂她，说她那样子肯定是在外面跟男人鬼混了。不过，雇员离职后被老板说坏话的事也很普遍，所以我并不相信。"

下坂一夫独自在心里暗笑起来。

因为从古贺百市的话中，他得到了两大收获。

第一，旅馆方面到最后也不知道信子的情人是自己，他们好像以为是那个住在博多的介绍人。

第二，旅馆的老板娘基于上面的"误解"，认为信子"直接去大阪工作了"，因此，她对信子走后再无音讯一事，也并不感到奇怪。

对于下坂一夫来说，这可真是天随人愿的好事。如果旅馆方面对信子的"蒸发"感到可疑，并对警署说有人离家出走，那么事情就麻烦了。报纸上说，近来警察对于"离家出走"的调查，都一律按遭遇谋杀的思路来展开。

下坂一夫为自己的好运而暗自庆幸。

这时，车窗外的三里松原已经远去，呈现在眼前的是一片深蓝色的秋日海面。响滩这一带的海水尚未受到任何污染。

巴士继续往前开，车窗外出现了长长的、深入海中的混凝土防波堤和渔船码头，另一侧则是成片背靠丘陵的房屋。那就是针江的渔民小镇。

下坂不经意间朝山丘上瞟了一眼，看到上面高高的石阶，石阶上是一座白色鸟居，松林深处露出了灰褐色的神庙屋顶。

那是织幡神社。

一想到这儿，下坂不由自主地将脑袋缩到车窗下。

妻子景子的姨夫就在那里当神主。下坂一直保持着这样的坐姿，最终也不知道景子姨妈姨夫的家到底在这狭长小镇的什么位置。因为他根本就不敢看。

过了针江小镇，车窗外就只剩下高山和大海了。这里有片高达五百米的山体，其支脉一直延伸入大海。巴士蜿蜒穿行在陡峭的山坡和濒海的悬崖之间。在这条道路上再开上大约十五公里，就是钟崎小镇了。

巴士一侧的车窗外是一片蔚蓝色的大海，另一边映满了山上红黄相间的枫树林。信子的尸体就躺在该山脉的南麓之下，正在一点点地化成白骨。

巴士突然停了下来。坐在司机旁边的是今天游乐活动的主持人，鹤发童颜的筑紫文化人联盟会会长。他笑盈盈地站了起来，将一个小型麦克风凑到嘴边。

"各位，快到吃饭时间了，我们就在这风光明媚的场所休息一下，同时享用午餐。大家下车后，可以到山坡草坪上，或海边岩石上，请大家自便。便当是向饭馆订的，附带两瓶酒。这是为祝贺我们的朋友下坂一夫而特地准备的。大家都知道，下坂一夫发表在《海峡文学》上的作品荣获了《文艺界》权威同人杂志评论栏目的好评。让我们在壮丽的大海前高举酒杯，祝愿下坂在文学上取得更大的成就！"

会长热情洋溢的话音刚落，车厢内响起了一片热烈的掌声。

不要在这里！——下坂一夫真想这样大叫一声。

何必在这里休息？再开十五分钟不就到钟崎了吗？到那里吃午饭不好吗？

这个山坡和埋葬信子的那座山相连。所以这里不行！

但是这些话下坂并没说出口。他只是腼腆地站起身，向大家鞠了一躬，然后跟大家一起鼓掌。

从两辆巴士上下来的会员们，绝大多数都去了山坡。海边的岩礁处虽然景色优美，但不方便过去，必须从山路爬下悬崖，很危险。

人家三五成群地散在山坡上，能喝酒的转开瓶盖当酒杯开始喝起来，不能喝酒的就直接吃起便当。

下坂一夫坐在山坡下。如果上山坡的话，就会离"那座山"更近了。坐在路边虽说择地不雅，但总比靠近"那座山"要好受一点。

这时，人最多的山坡上爆发出一阵小小的喧闹。下坂一夫回头看去，一条棕色的小狗正穿行在吃便当的同仁之间。有人将鱼糕、油炸鸡块扔给小狗吃，也有人大声呵斥着驱赶小狗。

小狗不知所措地在山坡上徘徊。下坂一夫不由得脸色大变。

那条小狗是跛足。它走路时，右前脚抬离地面。

是"那条狗"！就是开车载着信子时，从岔道处蹿出来的那条柴犬。毛色也一模一样。它前腿的骨折，正是自己的车撞出来的。

那个肥胖的农妇，应该就住在这两座山头后。小狗竟跑了这么远的距离，并且偏偏在巴士停车吃饭的这个地方出现。

没错，正是被农妇叫作"太郎"的狗！

这条跛足的小狗一瘸一拐的，看上去像在蹦跳一样跑到下坂一夫身边。下坂的脸色一下子变得煞白，冲动地从地上捡起一块很大的石头，对准小狗扔了过去。

9

巴士沿着响滩海岸转了一圈,回到博多时已是下午四点左右。秋天日照角度变小,所以拖在路面上的人影很长。参加游乐活动的全体成员,在一座立有巨型和尚铜像的公园前解散了。

要回坊城的古贺吾市,准备坐公交车去火车站。下坂一夫跟他顺路,也和他一起坐上了公交车。

"你这就直接回坊城?"下坂一夫问坐在身边的古贺吾市。他问这话并没什么特别的用意,只是因为快要分别,表示一下惜别之情而已。

"嗯。"古贺吾市东张西望地眺望着窗外流动的街景,不置可否地应了一声。高楼大厦和繁华商场前人潮涌动,热闹非凡。坊城是座充满鱼腥味的渔港小镇,而博多可是个大都会。古贺吾市似乎又不太愿意马上回去。

"火车有很多班次吧。要不,去我家坐坐再回去?"下坂一夫不留神,随口说了这么一句。话一出口,他就在心里暗喊糟糕。我干吗要邀请古贺到自己家里去呢?

"啊?"古贺吾市转过脸,双眼中闪烁着喜悦的光芒,"火车班次的确有的是……我上你家去拜访一下,真的可以吗?"

下坂一夫懊悔莫及,可已没法改口。

"是啊。只是家里很小,没什么可招待你的,去喝杯茶坐坐吧。"下坂暗示对方,希望他喝杯茶就走。可古贺似乎并没有品出他话中的深意,把这句话当作是盛情的邀请。

"不用招待什么,我也待不了多久,只是顺路拜访一下。借此机会向你夫人问个好。"

满脸喜色的古贺已经有些蠢蠢欲动了。

"快到了吧?在哪站下车?"

"就下一站。"

下坂明白古贺的心情——他是想看看自己的老婆。古贺也知道景子是博多某酒吧的女招待。他是听谁说的呢?这个单身的渔船船员,在这方面的好奇心无疑极为旺盛。

想到这里,下坂一夫不再那么后悔了。因为他觉得,让这个土头土脑的小渔民见识见识自己大都会的漂亮老婆,也是件很风光的事。

可当他和古贺并肩走在回家的路上时,又觉得自己好像在做一件多此一举的事。他感到的确不该带这个男人回家。自己今天很累,想一回家就躺下睡觉。而且突然带客人回家,景子肯定也会手忙脚乱。她下个月月底就要生了,现在行动很不方便,神经也异常敏感,表情也不那么温柔了。当着客人的面,她自然不会表露出来,可客人走后就不好说了。最重要的是,万一跟古贺交谈时触及了什么危险话题怎么办?下坂越想越不安起来。

下坂对古贺那股不懂世故、愣头愣脑的傻劲儿也很来气。自己只是出于客套，礼节性地邀请一下，谁知他还当真了，屁颠儿屁颠儿地跟来了。只要是稍有些常识的人，一定会直接回家。而且还要凑火车的时间，即使别人盛情邀请也肯定会婉言拒绝。更何况现在这个时间点，还得招待他晚饭。可古贺似乎一点也没意识到这些。到现在这个地步也没办法了，下坂拿定了主意，哪怕让他不高兴，也要尽早将这个家伙打发回去。

下坂居住的公寓坐落在神社旁，是一幢新建的五层楼建筑。夕阳下，神社外茂密的树林显得黑魆魆的，公寓区都亮起了万家灯火。

"你家住几楼啊？"古贺的眼里闪着无限的好奇，声音中也透着几分兴奋。

"三楼，靠右边。"下坂心情沉重地说道。

景子打开门："啊呀，你回来啦。"

再看见丈夫背后还跟着一个陌生男子，她立刻就将笑脸收了回去。

公寓有三个房间，其中一间是西式房间，布置成了会客室。狭小的房间里放着长条桌、长凳和三把椅子，这使房间显得更小了。不过，桌子上铺着漂亮的桌布，椅子上也配有刺绣靠垫，图案可爱的壁纸上挂着精美的镶框西洋画，浅绿色的窗帘折出优雅的褶皱。桌上还放着花，花瓶是一个五彩的伊万里烧。

"屋子布置得真不错啊，像电影里的一样。"古贺环视四周后感叹道。

室内装饰都是景子布置的。屋内还恰当地摆放着一些外国民间工艺品，这些全是景子在酒吧当女招待时收集的。

"夫人真是个大美人。你真是艳福不浅啊。"

古贺说话时面朝厨房，厨房里传来茶杯碗碟的声音。

"哪里，挺着个大肚子，还说什么美不美的。"

"哪能这么说呢？确实是个美人。"

景子穿着花朵图案的孕妇装，在古贺的眼里，就像华丽的长袍一样。景子见有客人上门，匆匆化了妆。她的手法很娴熟，足以让古贺看直眼。

下坂见景子端出了加冰的威士忌，觉得有些多此一举。用冰箱里现有的东西配置成的下酒小吃也很精美。这些小吃在酒吧里很常见，但在古贺眼里都是奢侈的料理。

景子坐在椅子上。招待客人是她的拿手好戏，眼下是在自己家里，她尽量显得不那么妩媚，但脸上的微笑还是有点夸张。

"下坂今后是前途无量啊。全国有很多人在同人杂志发表作品，但大部分一辈子都成不了名。下坂的作品一下子就得到了文坛中心的认可，了不起啊。就像今天在针江海边休息时会长说的一样，下坂在文学上的前景和响滩的洋面一样一望无际。"古贺吾市在景子面前极力称赞下坂一夫。

下坂的作品得到了文学杂志上的同人杂志评论栏目的好评，并被破格引用了其中的六页内容，就这点事当然还算不上得到了文坛中心的认可。古贺夸大其词的称赞，是对自己贸然造访并受到热情招待表示的谢意。当然，他的话也并非是空穴来风。今天大家坐巴士外出游乐，确实带着对下坂的祝贺之意。在身处偏僻小镇的这些"搞文学"的人眼里，处于文坛中心的文学杂志就是圣典。只有"文学"是崇高的，其他的事情统统都俗不可耐。同人杂志里的老一辈成员，对年轻成员往往趾高气扬，要年轻一辈称他们为"老师"。这些人都没有写出什么像样的作品，而下坂一夫的文字却受到了大家的关注。

不久之前，下坂还对自己受到这样的待遇感到很不好意思。因为那六页文字不是他写的，是住在千鸟旅馆的小寺康司写的，经信子誊抄后交给自己的。文学杂志的著名评论家认为只有这六页文字有价值，并将其刊登了出来，说明这些评论家也没有看出这是小寺康司的文体。

小寺康司是全国闻名的作家，有头有脸的评论家们都为他的作品写过评论文章。为小寺康司的小说集写的评论，总会刊登在全国性报纸文化栏目的醒目位置。可以说，他受到的是"特等舱"的待遇。去世后他也受到了广泛的称赞（当然不是称赞他的死亡，是称赞他所留下的作品），都可以直接引用到祭祀他的花篮上。

可尽管这样，那些博览群书的评论家却都没看出那六页内容是"小寺文学"，就连全国的文学爱好者也没有看出来。

下坂一夫并没有亲眼看到小寺康司的笔迹。他看到的是信子的笔迹。那些字写在便笺上，比自己的字要好得多。

不过如今，在大家的热捧下，"别人的文章"以及"信子的笔迹"都渐渐从他脑海里淡化了。他甚至开始觉得，那些文字似乎就是自己写出来的。

然而，景子是个对"文学"一窍不通、丝毫不感兴趣的女人。她平时只看妇女杂志或周刊杂志。也不知道这是幸运，还是不幸。

因此，听了古贺吾市的溢美之词后，她并没显出一丁点儿兴趣。相反，却对他们路过针江的事产生了反应。

"老公，你有没有顺路去姨妈姨夫家看看呀？"

"没，没有时间。巴士只是经过一下而已。"

看到景子眼中露出不满的神情，古贺赶紧打圆场："夫人有亲戚住在针江吗？"

"是的，我姨妈就住在那里。姨夫是当地的高中老师，他还兼任织幡神社的神主。"

"织幡神社？"古贺握着装有冰镇威士忌的玻璃杯，像遇到什么稀罕事似的瞪大眼睛，"哦，就是那座山上有很高石阶的神社吗？"

"对啊，就是那里。"

"啊，我们看到过。对吧，下坂？"

古贺向下坂一夫猛地一回头，弄得杯子里的冰块叮当作响。

"树林里不是有灰褐色的寺庙屋顶吗？是不是那个啊？"

下坂一夫无奈地点了点头。

"这不是正好路过吗？夫人说得对，应该顺道拜访一下才是嘛。你要是早点跟我说，我可以跟司机商量一下，叫他在那边停一停。"

正像下坂一夫预料的那样，事情在朝糟糕的方向发展。因为离"那个地方"太近，所以不管景子怎么劝说，他也没答应去姨妈姨夫家。这是夫妻间的事，他不想让外人知道，现在却让古贺吾市知道了。

"过了针江，我们在海岸悬崖处吃了午饭，好开心的。"古贺兴奋地说。

"是吗？在那样风景如画的地方用餐，味道一定很好吧？"景子来了兴趣。

"是向饭店订的便当,味道一般,但郊游野餐的氛围却感觉很好。"

"饭店的便当不好吃吗?"

"鱼肉只是外观好看,其实尽是些冷冻货。我们出海捕鱼时,打了鱼直接就在船上剖开烤了吃,或者做成生鱼片来吃。运到陆上的鱼简直就没法吃。"

"能在渔船上品尝活蹦乱跳的鲜鱼,真是一件奢侈的事情啊!"

在大家吃便当时,还跑来一条跛足的小狗。的确就是那条柴犬。它抬着右腿一瘸一拐地四处乱跑。可是现在想来,那条狗住在几个山头之外的某个小村子,应该不会跛着脚,跑这么远的路来到海边。当时自己一激动,对着那条跛足小狗扔了石头,不过幸好没人看到。

"当时,你还朝那条乱窜的小狗扔了石头吧?"古贺突然冒出这么一句,下坂的心不由扑通一跳,好像古贺看穿了下坂心中的想法一般。

"嗯,那家伙要吃我的便当,我想把它赶走。"

"是呀。我看它也不顺眼,也想用石块砸它。结果它被石头打中,拖着瘸腿怪叫着逃掉了。"

"你怎么能这样欺负一条小狗呢?"景子责怪道。

"就算它被石子打中,也不会怎么样的。"

"真是这样的,夫人。"古贺觉得自己有点说错话了,赶紧帮下坂说情。

"那条小狗被吓到后跑掉了。再说只是条野狗,没什么大不了的。"

没想到古贺竟然说了小狗的事，真不该带他回家。

景子向丈夫使眼色，询问要不要准备晚饭。下坂摇了摇头。让古贺再赖下去，怎么受得了。

"古贺，我们到外面去吃点寿司什么的吧？我老婆挺着个大肚子，不方便准备晚饭。"

"啊呀，不知不觉打扰了这么久，真是过意不去，我得走了。"古贺说着急忙从椅子上站起来，"夫人什么时候生啊？"花朵图案的孕妇装在他眼里像长袍一样华丽，使他不能直视。

"下个月月底吧。"景子羞答答地微笑道。

"到时候，下坂你可一定要通知我哦，我一定要表表心意。"

景子如果肚子不大的话，信子就不会被谋杀了。说不定自己会偏向怀了孕的信子，与她结婚。倒霉就倒霉在，两个女人同时怀了孕。说来，长眠于地下的信子，本来也是下个月月底临产。

10

三天后,两个男人造访了下坂一夫的家。那时,下坂刚好去看了准备开陶瓷店分店用的店面后回到家。

要不是他们出示了警察证件,光从两人恭恭敬敬的态度来看,就像证券公司的业务员。

"请问,您是下坂一夫先生吗?"梳着整齐分头的男子透过半开的门眯起眼睛问。他约莫有三十来岁,长得瘦瘦的。

平时,该公寓总有各种各样的外勤业务员来访,有推销人寿保险的、证券公司兜售打折公债的、拉存款的银行业务员,还有卖分期付款汽车的推销员。所以一开始,下坂还以为是这些人。来访的另一个人要年轻一点,留着长发,长着一张圆脸,看上去很稳重。

出示完警察证件,那人紧接着又递上了一张名片,上面印着一行字:

A县警察总部搜查一科警部补[1]　越智达雄

长头发男人也从后面走上来，递上了名片，上面写着：

A县芝田警署巡查部长　门野顺三

"请问有什么事吗？"看完两张名片后，下坂一夫抬起头来注视着来人。

在他读名片上以小号字体印刷的头衔时，那两名警察一直在观察他的表情。

"啊，不好意思，如果方便的话，能否让我们进屋谈呢？我们有些事想要请教您，站在这儿说有些不太方便。"叫越智的警察边打量走廊边说。

A县在四国。芝田市靠近濑户内海，是县内第二大都市。这个城市的名字连初中生也知道。

警察大老远来找自己，会有什么事呢？下坂一夫的心中一片茫然。

进屋后，两人并排坐在靠窗的椅子上。

"您住的这地方真不错啊。"越智将视线投向窗外神社的树木说道。

下坂住在公寓，所以不能说住的房子很好，越智就说住的地方很不错。他的脸上堆满笑容，但要是板起脸来一定十分可怕。

---

[1] 日本警察分九个等级，由高到低分别是：警视总监、警视监、警视长、警视正、警视、警部、警部补、巡查部长、巡查。

那位长头发的巡查部长门野也顺着警部补的视线看去，随声附和着。如果没看他的名片，多半会以为他是商店的营业员。

"我还是第一次来博多，真是个大都会啊。倒是早有耳闻，可实际来了之后，还是让我大吃了一惊。"

越智说他们下了火车直接就坐公交车找来这里，一路上看到的街景让他们觉得A县的县厅所在地和芝田市简直就跟乡下一样。他说话带有一股四国腔，与关西方言一样柔和。

"不，从车站到这里不经过商业街，还不算热闹。车站旁有商务楼，商业街要再往西。比方东中洲或天神小镇。"

下坂一边搭话一边心中暗想，他们到底是来干吗的？

"哦，东中洲啊？听说过听说过，那里很有名啊。回去的时候，一定要去逛逛！"说着，越智又对年轻的巡查部长门野看了一眼。

门野点了点头，随即将脸转向墙角。这间房间兼作厨房与餐厅，同时又兼作会客室，帘子将它与其他房间隔开。墙边放着一个很高的书柜，书柜里塞满了书。巡查部长门野浏览着书脊上的文字。

"啊呀，我以为都是文学书呢，没想到陶器方面的书也很多啊。"门野定睛看了一会儿。

"嗯，其实我是陶瓷店老板的儿了。"

"陶瓷店？"

"我父亲和兄长在唐津经营陶瓷店。我也想在这里开个分店，现在正在找店面。"

"啊，唐津啊。"年长的警部补接过了话头。

"濑户烧听说过吧？与伊万里烧很相近。"

在关西、四国一带，人们将陶瓷器叫作濑户烧。

"这么说来，你是一边在开濑户烧店，一边在搞文学？"

"文学？"

"我们已经拜读过了，就是你刊登在《文艺界》上的作品。"越智眯缝起眼睛，嘴里闪耀出金牙的反光。

"哦，那个啊。"

下坂一夫被这句出其不意的话弄得脸都涨红了。他没想到警察也会看文学杂志。

"那称不上什么作品，只不过是发表在同人杂志上的文章，碰巧被《文艺界》选了，刊登了其中一部分而已。"下坂说完，心头突然掠过一丝不安。

该不会是那六页内容惹上了剽窃官司，这两个警察来调查此事了吧？

"不要谦虚，那真是好文章啊，令人钦佩至极。"越智双手撑在膝盖上，毕恭毕敬地称赞道。

这时，传来开门的声音，是景子回来了。只见她的脸探进折叠式幕帘，往里面看了一眼道："啊呀，有客人啊。"

她先是一惊，而后马上露出笑脸，分开帘子走进来，在客人面前鞠了一躬："欢迎光临。"

两位穿西装的客人立刻站起身回礼。

"您是下坂太太吧？打搅了。"

"他们是谁呀？"景子拉上幕帘转身到厨房准备茶水时，向跟来的丈夫轻声问道。

"是四国那边的警察。"下坂一夫小声回答道。

"四国的警察？"景子停下手里的活，抬头看着丈夫问，"他们来我们家干什么？"

景子两眼露出惊诧的神情。她那穿着孕妇服的大肚子与水池的不锈钢边缘有一段距离。

"好像是来谈文学的事的。"

"谈文学？"

"就是那个《文艺界》的同人杂志评论。他们说是看到了那上面引用的文章。我们刚才在谈这件事。"

"为了那个？"景子的眼中立刻充满了微笑，"亲爱的，你真是出名了。"

"……"

"不是吗？自从你的文章上了那杂志，一直收到各地的同人杂志，这里的文化人联盟也特意为你举办庆贺活动，真没想到连四国的警察都趁着出差的当儿来拜访你。到底是《文艺界》，影响就是大。"

"出差？"

"是啊。他们总不见得专门为了文学特地从四国跑来吧？各县的警察不是要经常联络、出差开会的吗？他们肯定是来福冈县厅的警察总部出差的。"

如果真是这样，那这两个警察有可能是从县厅那边来这儿的，那么东中洲就是必经之路了。可他们却说是从火车站坐公交来这儿的，还说过会儿去逛逛热闹的东中洲。

看来他们不是来出差的，而是特地从四国赶来见我的。既然提了《文艺界》同人杂志评论引用的那段文章，恐怕这就是他们到这里来的目的吧。

下坂一夫没觉得此事跟信子有关。因为那事儿跟四国的警察毫不相干。如果他们是福冈县搜查一科的，或者是管辖信子埋葬地的警察，那就不得了了。四国离那儿远着呢。

　　看来还是剽窃问题吧？能沾上点边的也只有这事儿了。

　　不，不，这也不可能。那段文章是小寺康司写的，这个的确没错。可小寺康司在《文艺界》同人杂志评论引用那段文章的七个月前就死了，自己将那段文章嵌到小说里发表到《海峡文学》，是在他过世后一个月。没看到发表就死了的人，怎么会来告我呢？

　　这么说，可能是信子在千鸟旅馆抄小寺康司的原稿之前已经被人看了，譬如小寺康司的亲戚，然后觉得《文艺界》上引用的文章与之几乎一模一样，于是就告我涉嫌剽窃？

　　不过，这也不可能。

　　听信子说，小寺康司在千鸟旅馆期间，曾因为写不出东西而苦恼不堪，叫人在一旁看着都觉得同情。后来，他写到一半为了散心，到西海岸去住了三天。信子就是趁他不在时看了那六张稿纸，并抄下来为我做参考。

　　信子还说，外出回来的小寺康司也不知道稿子被抄了。他把那些稿纸撕成两半扔进了废纸篓。信子又用剪刀将这些稿纸剪碎，撒向了大海。

　　这样看来，那六张稿纸应该是小寺康司住进千鸟旅馆后绞尽脑汁写出来的。可他自己还是觉得不满意，外出三天回来后就将它撕毁了。所以，这不可能是他之前写的。那些文字，小寺康司的朋友和他的家人都没看到过。可以说，除了信子，谁都没有读到过。而信子早已长眠于地下，再也不可能开口说话了。

信子抄写文章的便笺也被烧掉，已经变成了黑色的纸灰。并且，焚烧时除了我，没有一个人在场。

有什么可担心的呢？没有，一点也没有。

首先，如果出现剽窃问题，原告在起诉前必须先发来质问函。我不可能对此一无所知就突然被起诉。如果真出了这事，一定会流传出来，不可能没传到自己的耳朵里。

再说，那两人的态度十分恭敬，一点也没有对待嫌疑犯的态度。他们来访的目的现在还不清楚，但他们的表现很有礼数。虽说未必如景子认为的，他们是到福冈县警察总部出差，顺道来聊聊"文学"，但可以肯定，这次登门与他们的本职工作无关，只是一次颇具绅士风度的友好拜访。

自己绝对不能心虚。

他们一点证据也没有，一点也没有。

一定要沉着应对他们，不能露出丝毫惊慌失措的神色。

想到这里，下坂一夫的心情也就放松了。

这时，景子也准备好了红茶，下坂一夫掀开幕帘，和端着茶盘的妻子一起走进会客室。

四国来的警部补和巡查部长并肩站在窗户前，俯瞰着神社内高高的杉树和松树。主人夫妇一进屋，他们赶紧坐回椅子。

"谢谢，谢谢。突然造访，真是太打扰你们了。"

警部补梳着整齐小分头，脑门较宽，颧骨稍稍有些突出。在景子端来的红茶前，他表现得的确像他嘴上说的那样诚惶诚恐。长头发的巡查部长也学他的样子。沏红茶的茶杯是伊万里烧，红色的图案十分漂亮。

景子为了表示对客人的热情，放下红茶后并没回厨房，而是挺着个大肚子，很吃力地在空着的椅子上坐了下来。两位客人看到她坐下，眼中露出了略嫌不便的神色，但这神色马上就消失了，他们开始与这位主妇攀谈起初次来博多的感想。

景子回答了些博多的风土人情，随后问道："对了，你们是出差来开会的吗？"

当然，这句话也仅仅是应酬。

"开会？啊，对啊，也是来开会的。"警部补和蔼地笑道。他的回答十分含糊，似乎觉得下坂的老婆在场有些不方便，于是抢先问她道："夫人说的是标准东京腔嘛，您是东京人吗？"

"是啊，我是从东京来的。我姨妈住在这边东海岸一个叫针江的小镇上。"

"啊，这样啊。"

警部补毕恭毕敬地点了点头。他应该不知道那个针江小镇到底在哪里。即使如此，下坂一夫听后，心头还是怦地跳了一下。引出节外生枝的话题会让他很头大。

还好景子也明白四国来的警察不会了解当地情况，因此她也没有继续讲针江姨妈的话题。

下坂一夫喝了口红茶，将茶杯"咚"的一声放回桌面。似乎是这个较大的动静，终于促使警部补切入今天突然造访的正题。

"其实是关于《文艺界》同人杂志评论栏目中引用的您的大作，很好看，我已经跟《文艺界》的编辑部联系了，拿到了作品的复印件。"

"复印件？《文艺界》上不是有吗？"

还是为了这事儿啊。可是，何必要向《文艺界》编辑部要复印件呢？如果要看那六页文字，只须看看《文艺界》不就行了吗?

"说的也是,总之参考一下。您的大作是原先发表在《海峡文学》上,后来被《文艺界》引用的吧?"

"是,《海峡文学》是我们编的同人杂志,每期都会寄给《文艺界》。"

"听说全国各地都给《文艺界》编辑部寄同人杂志。我们拿到了大作的复印件,将摘录部分与《文艺界》引用的部分作了对照,确认内容一字不差。"

这是当然,既然是引用,还会不一样吗?不过警部补出于职业习惯用的"确认"一词,让下坂一夫很在意。

"不好意思,或许我这么问有些失礼。《文艺界》上引用的那段文字,是您根据亲身经历写出来的吗?"警部补一直眯缝着的眼睛突然睁大了。

"经历?"

那是别人写的文章。如果此刻贸然地将其认作为自己的"经历",说不定会后患无穷。

"不,不是我的经历,全是虚构的。"下坂一夫干净利落地回答道。

"啊?那是虚构的?"

"对,是编造的,创作出来的。"

"那场景描写也是……?"

"那也是我脑袋里空想出来的。完全是一篇彻头彻尾的虚构小说。"

"是虚构小说……"两个警察面面相觑,一脸困惑,像是突然迷失了路径一般。

11

四国A县警察总部搜查一科的警部补和同县芝田市警署的巡查部长拜访了住在博多公寓的下坂一夫，并询问了他那篇被《文艺界》引用的文章。对此，下坂一夫有些摸不着头脑。其实这事与看过同一本杂志的四国A县警察总部搜查一科科长香春银作有关。他当时躺在摆有菊花花盆的檐廊地板上，目光被"同人杂志评论"栏目所吸引。也就是说，那两位警察出差去福冈县，并对下坂一夫不动声色地展开调查一事，源自香春科长休息时在家晒太阳时看的那本杂志。

第二天上班，香春银作立刻吩咐了部下要出差的事。

"把芝田市户仓寡妇被杀案的侦查记录全部拿来。"科长一露面便匆忙下达命令，而且语气里充满了紧张。部下不由自主地看了他一眼，他脸上的表情硬邦邦的。

"是那个已经被起诉了的案子的记录吗？"

这个案子早过了警察的侦查阶段，现已移交至地方检察院，快要进行第四次公审了，因此部下小心翼翼地问了一句。

香春科长默不作声地点了点头。比起多余的回答，他这一动作更能让部下感到上司做出决定时的威严。

这个案子现在已经通报检察院，进入了公审阶段，而负责侦查的不是别人，正是香春科长。那份记录他已经不知看过多少遍，早已像他亲自写的一样烂熟于胸，现在又要重新看一遍，部下感到其中必定大有文章。

不多时，香春科长的办公桌上堆起了好多本厚厚的文件册，白色封面上写着黑色的文字：芝田市户仓寡妇遭入室抢劫强奸杀人案。

报案人询问笔录、实地勘查报告、检查报告、尸体解剖报告、鉴定书、证人询问笔录、证据查收目录、侦查报告、逮捕证、向司法警察的供词笔录、向检察官的供词笔录等，从侦查初期，到嫌疑犯被捕的地方派出所的审讯记录，再到送检后的检察官的审讯、起诉书为止的资料都在这里，满满当当地装订了好几大册。

香春科长喝了一口茶，润了润舌头和咽喉，然后拿起其中的一册。他此刻的目光中，已经看不到半点老文学青年的激情，也没有欣赏粗陶花盆上斑点的雅兴，此刻他的内心，完全被他的职业执著心所占据，一心想要在堆积如山的搜查记录中，找到突破性的发现。

这些资料有一大堆。侦查报告的装订册后面，还附有一份送地方检察院的文件复印件。只要读一下这份五百来字的文件，就可以大致掌握整个案子的要点。香春科长将目光落在这份文件上。

户籍　　　　B县C郡D镇E区二十二番地
出生地　　　同县同郡同镇F区三十一番地
居住地　　　A县芝田市山冈八十一番地

　　　　工人　铃木延次郎　年满二十九岁

一、犯罪事实：

　　犯罪嫌疑人为了筹集结婚费用，决定实施抢劫。于昭和××年十月二十八日夜晚十一时三十分左右，犯人从芝田市户仓一〇八七番地二，即山根末子（无业，年满三十八岁）家屋后的防雨窗潜入，威胁并夺取被害人现金十万三千日元。随后紧缚被害人双手，对其实施强奸。过程中因让被害人看到面部，害怕罪行暴露，于是将被害人勒死。并于二十九日凌晨零点二十分左右，由原潜入处逃离了现场。

　　二十九日上午九时许，邻居因有事造访被害人家，发现被害人家屋后的防雨窗开着，心生疑虑，随即向附近的派出所报了案。派出所的人员赶到现场开始调查本案。县警总部对本案也极为重视，派遣了侦查员协同破案。根据取证鉴定结果，判定本案为入室盗窃，并将侦查范围扩至被害人家以西约三公里的××工业株式会社芝田工厂的职工宿舍。通过对品行不端人员的排查取证，于十一月十七日逮捕了上述犯罪嫌疑人。经审讯，该嫌疑人于十一月三十日，供认了其单独作案的犯罪事实及经过。

二、对犯罪情节的意见：

犯罪嫌疑人计划于明年与芝田市的大川绢子举行婚礼，由于缺少婚礼所需费用，又得知被害人是一个孤身独居的寡妇，有大量存款，并向附近邻居放高利贷，于是实施了犯罪。犯罪嫌疑人为获取结婚费用而实施盗窃，犯罪动机不值得同情。在实施抢劫后，又捆绑被害人实施强奸，并残忍地将被害人勒死，犯罪情节极其凶残，理应予以严厉处置。

以上是案子的概要。

警察的实地勘查报告中，附有被害人寓所内外的示意图、尸体发现现场示意图、尸体位置图以及相关照片。另有关于"被害人山根末子的位置"的文字说明。

本案的作案现场在山根末子的住所，位于芝田市东方八条镇县道约三公里处的芝田市户仓，具体方位为县道以南第一个十字路口的西南角。该建筑朝东，是木结构平瓦房，建筑面积约为五十二坪[1]，总面积约两百坪。

近年来，芝田市迅速发展，公寓房、商品房以及私人建筑不断向城市周边延伸，然而案发现场附近尚未完全被开发为住宅用地，属于新开发地和旧农村的交界地区。

案发现场以西三公里处，是××工业株式会社芝田

---

[1] 日本传统计量单位，1坪约等于3.3平方米。

工厂的员工宿舍（只居住单身工人，约六十名）。宿舍以西一公里为工厂所在地。

被害人山根末子的居所，如示意图二、三及照片一、二、三、四所示。宅地外植有与道路平行的悬铃木，西北角有竹篱与外界区分。南面外围栽有高约一米半的柏树，内侧则为檀树，两者形成树篱防火隔离带。

院内有一棵高八米左右的古樟树，在附近一带很显眼。

这就是《被害人位置及居所内部状况》的部分内容。除此之外，还有针对大门、各个房间、厕所、檐廊、后门、储藏室等处的详细描述。

然而，搜查一科科长的目光并未投向这些内容，而是被《被害人居所附近的基本状况》《被害人居所周边状况》等部分所吸引。

司法警察写的这些枯燥乏味的"写实主义"文章，虽然无法激起香春科长的文学触动，但他还是读了许多遍。可现在，他好像要在这些干巴巴的文字中寻找别样的趣味。

那些一味卖弄文学技巧的文章，在现场还原效果上远不及这些朴实无华的报告书。特别是香春科长时不时翻阅的文学杂志中那些实力派、新锐作家的作品，常常玩弄一些新奇的手法，叫人摸不着头绪。而下面的这份《被害状况》就写得非常清楚明了。

卧室状况：
被害人山根末子横躺在日式房间东侧的被子上，被子从下身往上身方向翻起，睡衣下露出双腿。该状况如照片四十七所示。

靠近壁龛的前隔扇旁，放着棕榈树盆栽和一个约一米高的三面梳妆镜。镜台的抽屉关着，镜台上放有香水、乳液各一瓶。

掀开被子上部后可以看到，被害人山根末子的头没有枕在枕头上，脸向东，两眼紧闭，口中出血，两手手腕被绳子绑在一起。

被子全部掀去后如照片四十八所示。被害人身上穿有纵向条纹的粗绸睡袍和漂白布贴身衬衣。

照片四十九是脱去睡袍后的状况。被害人的脸部歪到被子外，右脸颊贴在榻榻米上，两手位于脸部前方，右手压在左手上，绳子在手腕上缠了两圈，颈部被绳子和蓝色包袱布勒住。双足脚踝处用绳子绕了一圈，并未打结，脚边发现一段长约三十二厘米的绳子，与捆绑脚踝的绳子为同一种。

被害人山根末子的白色棉衬裙被拉到膝盖处，内衣袖子被卷到肘部以上，内裤被脱掉。

尸体的状况如照片八十五所示，前颈部有明显勒痕，勒痕上部有瘀血。食指、中指的第二关节处有创伤，并伴有轻微凝血现象。两手手腕部分的状况如照片七十八所示，勒痕陷入皮肤较深。人阴唇上部的阴毛上沾有精液，左大腿内侧如照片一〇五所示，两处疑似附有精液。双眼眼睑膜发现溢血，鼻孔处有泡沫状液体，口中出血，舌头被牙齿咬住。根据以上现象可以判断，被害人是被上述凶器缠住颈部窒息而死的。

从以上的被害状况可以分析出被害人的反抗程度。根据被褥的状态、颈部离开枕头露出被子的状态、手腕和脚踝被绑的状态可以看出，被害人在遭受强奸时，并未进行激烈的反抗。前文所述的状态，是被害人因窒息感到痛苦造成的。

犯罪嫌疑人铃木延次郎第一次口供：

犯罪嫌疑人在芝田警署内，于昭和××年十一月二十日自愿作出如下供述。在审讯前，本署警员已事先声明犯罪嫌疑人有权保持沉默。

我于去年七月离开老家去冈山市兄长那里找工作，可结果没有找到，直到去年九月才进入位于芝田市莲见区的××株式会社的工厂，在其产品包装部工作，月薪九万八千日元。平时住在该工厂的单身职工宿舍。

今年六月份，我在市里的电影院认识了住在市内馆镇二丁目三十七番地的大川绢子（二十六岁）。之后我们开始交往，并商量结婚，已得到绢子父母的同意。今年秋天建造的位于市内绀屋镇的商品房将作为我们的新房，绢子已申请，并且抽签也中了，她父母也愿意为我们支付房款。我想我作为男人，应该负担一半的结婚费用，但我的工资太低，还要扣除宿舍的住宿费用。因此我一直为此而发愁。

今年九月初，和本地人、同事大塚启藏（二十八岁）路过市内户仓时，他指着一户人家对我说，这家的主人三年前死了，现在只住着寡妇一个人。那个寡妇叫山根末子，她用丈夫留下的钱向邻居和熟人放高利贷。

我正在为结婚用钱发愁，听了他的话，也想到山根末子那里去借钱。于是有段时间，我每周都会去山根末子家周围转两三次，但还是下不了进去向她借钱的决心。我想，像我这样一个每月到手只有八万日元左右的小工人，又没有任何东西可做抵押，山根末子应该不会借钱给我。

我知道那个家里只有山根末子一个人，就起了去偷钱的念头，虽然我也知道这样做不对。后来，我假装散步，又去山根末子家周围打探了好多次。

十月二十八日下午四点钟左右，我以腹痛为借口，提前下班回到宿舍。然后我跟管理宿舍的阿姨说，我认识市里一个好中医，要去他那里看病。五点左右，我坐公交车在市内火车站下车，为了消磨时间，我到电影院看了两场电影，又到寿司店去填饱了肚子。就这样，我等到了十一点钟左右。末班车也开走了，其实我也担心坐车被人看到脸，所以我就走了大约三公里的路，到了山根末子家的后门。这时大概是十一点三十分左右，已经下了一会儿雨。

那一带是乡下，山根末子家的前后左右都是田地，离别的人家也很远。因此夜里十一点半，四下没有一个人，一片漆黑。我绕到山根末子家的后门。为了不发出声音，我费了老大的劲才将檐廊处的套窗卸了下来。为了不留下指纹，过程中我都是戴着手套做的。

然后我拧亮了放在裤子后袋里的手电筒，拉开移门钻进了房间。没想到那里是一个八叠[1]大小的卧室，有一个女人睡在那里。我不知道钱在哪里，又不想自己找，心想干脆弄醒这个女人，叫她把钱交出来。于是我就蹲在她枕头边，在被子上拍了几下。

那女人受到惊吓睁开眼，在手电筒的照射下可以看出她十分害怕。她大概三十七八岁的样子，我想她就是山根末子。

当时我的声音有些发抖，山根末子也吓得发抖。见她发抖我就镇定了些，叫她把钱拿出来。山根末子说她没有钱，我就恐吓她："不拿钱出来我就不客气了。"山根末子吓得起身，打开了壁橱。壁橱的下层叠着几条被子，她从被子中间拿出一个蓝色小包裹。打开包裹，里面还包着百货商店的包装纸和报纸。山根末子将其拆开，里面出现了一个薄薄的信封。她说："只有这么多，你全拿去吧，再也没有了。"里面只有两张一万日元，一张五千日元，三张一千日元。我说："就这么一点钱想打发我走？你是有钱人，不可能没钱。快把钱交出来！"山根末子是从床上爬起来的，身上只穿着一件睡衣，领口和胸前都敞开着……

1　日本的房间面积计量单位，一叠为一张榻榻米的大小，约合1.62平方米。

12

犯罪嫌疑人铃木延次郎的第二次口供是在第一次审讯后的次日,即十一月二十一日。

继续昨天的陈述:

就这样,我拿到了两万八千日元。但我听说山根末子很有钱,还放高利贷,心想她应该还有更多的现金才对,于是又威胁她:"别藏了,快把钱全都拿出来。少于二十万我是不会走的。如果你不拿出来,我就对你不客气!我练过柔道,弄死你就像捏死一只苍蝇一样容易。"我上初中时就开始练习柔道,后来还去柔道场练习,取得了二段证书。

山根末子在我的威吓下又害怕了。她走到衣柜前,跪下来,用钥匙打开柜子最下面的双开门,从里面第二个抽屉中拿出一个棕色信封递给我。里面有六张一万日元、三张五千日元，还有三四本银行存折和邮局存折。这些东西我拿了也取不出钱，所以我只从信封中抽了现金塞进口袋。

　　山根末子似乎以为我满意了，稍稍放下了心。她关上柜子的门，并上了锁。

　　山根末子跪在柜子前背朝着我，我看到她敞开着的睡衣后领就突然想抱她。其实，看到她从被窝里出来时只穿着睡衣的样子时，我就蠢蠢欲动了。

　　就在山根末子要从柜子前站起来时，我从她背后抱住了她，并将她拖到了被子上。她试图反抗，我骑在她身上想将她压住，但她不停地扭动，还用双手抓我的脸，我很难将她压住。这时，她的手指甲刮伤了我的脸，还高声叫喊起来。我又气又怕，就双手抓住她睡衣的领子，勒住了她的脖子。不多一会儿，她的身体就瘫软了。我用的是柔道中的"十字绞"，没有将她绞死，只使她暂时失去知觉而已。然后我就扯开她的睡衣，脱下她的内裤，把她强奸了。整个过程中，山根末子一直昏迷不醒地躺在被褥上。

　　结束后，我给山根末子盖上被子，盖住她的脸。我将抢来的总计十万三千日元的现金塞进口袋，从进来的那个窗爬出去。出去后，雨还在下个不停。我没带雨伞，也没雨衣，担心这样出去，口袋里的钱会被淋湿，所以又回到了卧室。我在山根末子的枕头边看到了她拿出两万八千日元现金时拆下的百货商店包装纸和报纸。我用报纸包住十万三千日元的现金，再用百货商店的包装纸包好。可包装纸封不住口，很容易会松开，就是放在口袋里，还是有些不放心。

于是我就想，有没有糨糊或饭粒什么的。在厨房的地板上，我发现了一只铝碗，里面盛着一点米饭，还有一些煮熟的鱼和鱼汤。我心想，她家里还养猫？怎么刚才一直没看到猫的影子，也没听到猫叫呢？我从铝碗中取了一些没泡在鱼汤里的饭粒，将其涂在包装纸的边上把口封住。这个过程大概花了十分钟左右。去后门口时，我又经过卧室，感觉山根末子还处在昏迷之中，身上的被子一动也不动。我在屋后的檐廊处穿上脱在那里的鞋子逃走了，当时很慌忙，顾不上关套窗。那时，雨已经停了。

我逃到外面，在路灯下看了一下手表，时间是零点二十一二分。要是直接回宿舍，说不定路上会遇到什么人，于是我决定改变方向绕一个大圈子再回去。我沿着与山冈反向的道路走去，途中有一片树林，我就进去休息了五分钟左右，定了定神。这时，我觉得脸上火辣辣地痛，用手一摸，发现脸上出血了。那是被山根末子用指甲抓伤的。我绕道回到宿舍时，已经是凌晨一点三十五分了。

我已经说过了，我是用柔道的"十宁绞"手法使其昏迷，并强奸了她，我绝对没用绳子捆绑她的手脚，更没用绳子勒死她。至于山根末子被发现时为什么已被勒死，我一无所知。

山根末子家以东一百米的那户农家人说，二十九日凌晨零点四十五分，听到外面有人往东走的脚步声。那可能是我的脚步声。不过我并没有像那人听到的那样，赤着脚在刚下过雨的道路上走，也没有拖着一条腿。我是穿着短靴走回宿舍的。

香春银作重读着《芝田市户仓寡妇遭入室抢劫强奸杀人案》的侦查记录。

县警总部占了县厅大楼十一层中的五层。因为时令尚早，整幢大楼还没有供暖气。阵阵寒气从钢筋水泥的地面和墙壁中渗进来，在室内待的时间一长，就会感到整个人像被寒气包裹一样寒冷。所幸的是，搜查一科科长的办公室在一个朝东南向的角落里。柔和的阳光中，一只大苍蝇正趴在窗玻璃外，在屋内可以看到它的肚子和细腿。

已经到了晚秋，想不到还有苍蝇。香春科长估计这只苍蝇是从食堂的厨房飞来的，爬上五楼一定花了不少工夫。苍蝇已经筋疲力尽，趴在那里一动不动，只能轻轻扇动翅膀。

香春科长继续看侦查记录。

　　解剖结果：在被害人身上采集的体液混合物的血型为AB型。被害人的血型为B型，所以犯人的血型应该是A型。这与被害人大腿以及睡衣上附着的精液的血型一致。经检测，犯罪嫌疑人铃木延次郎的血型为A型。

　　勘查记录：对被害人家中屋后檐廊处的套窗（犯人进出处）、八叠大小的卧室、厨房等犯人可能触摸到的地方，都采集了指纹，但除了被害人山根末子的指纹外，没有检出可对照用的指纹。可认定犯人作案时戴着手套。

在被害人家后门附近以及周边地段，未发现足迹或鞋印。二十八日晚上十点四十分左右开始下大雨，地面被淋湿，这场雨在二十九日凌晨零点十分左右停止。在此期间，有可能留下犯人的足迹，但在凌晨三点半左右，再次天降大雨，足迹可能在此次大雨中被全部冲刷掉了。

补充事实报告书（证言）：

我叫友子，今年四十七岁，住在芝田市户仓八七五番地一号，是农业村的村田贞三郎的妻子。

我想我可能可以为今年十月二十八日夜里发生在附近的山根末子遇害案提供线索，所以特地赶来报告。

山根末子的家在我家西面约一百米处，我们中间隔着田地。

那天晚上我八点钟左右就睡了，半夜醒来去上了趟厕所。厕所朝向北面的马路。上完厕所正要回房间时，隔着窗我听到路上有人朝东走的脚步声。当时没有下雨声，估计雨已经停了。那脚步声噼啪噼啪的，是光着脚走在被雨淋湿的路面上的声音。并且，从脚步声中可以听出，那人的一条腿像是拖在地上的。这样的脚步声大概持续了一分钟左右。我当时觉得奇怪，这么晚了，谁会赤着脚在湿漉漉的路上走呢？但我也没多想，就又上床睡觉了。家里其他人都睡得很死，只有我一个人听到脚步声。上床后，我听到客厅里的挂钟响了一点的钟声，所以听到脚步声应该是在凌晨一点钟之前。上午九点半左右，我听说有强盗闯进山根末子的家，并杀死了末子，差点没把我吓死。

以上所述句句属实，同意写进申报书。

香春科长从案卷中抬起头来。窗户玻璃上的那只苍蝇已经不在了。凭它刚才无力扇动的翅膀，估计不可能是飞走的，多半是坠地了吧，也可能落到一半又攀住下面哪层的窗框了。

大楼旁边的马路上，汽车来往的喧闹声不断传上来。

犯罪嫌疑人铃木延次郎第五次口供记录：

犯罪嫌疑人在芝田警署内，于昭和××年十一月三十日自愿作出如下供述。在审讯前，本署警员已事先声明犯罪嫌疑人有权保持沉默。

我在前四次的口供中说了谎，这次说的才是实情。

我不是用柔道技法致使山根末子昏迷后对其施暴的，而是用绳索将她的手脚捆绑，在她无法抵抗的状态下对她实施强奸，并用绳索绕在她的脖子上将其勒死。

具体过程如下：

在柜子前，我从山根末子手里夺过七万五千日元后，就从后面抱住了她。当时山根末子双膝跪在榻榻米上，背朝着我。她进行了激烈的抵抗，并用双手抓我的脸。我脸上像蚯蚓一样的印迹就是她在那时抓出来的。于是我就光火了，狠狠地打了她的脸。也许是被打晕了吧，山根末子一时间脸朝下趴着不动了。刚才她拉开柜子上面的小抽屉时，我看到里面有一团绳子。我担心她过会儿又要乱动，就拿出了那团绳子。绳子好像是用包裹上拆下来的绳子一段段接起来的。山根末子是有钱人，靠亡夫留下的钱放高利贷，真没想到她还那么节约。绳子长短不一，长的有两米左右，短的不足三十厘米。正在我解绳子的结时，趴在榻榻米上的山根末子突然坐了起来。她见我正在解绳子的结，站起身就要逃。我追上去，将她扑倒在被子上。我把她按在被子上后，又猛打她的脸。

　　被殴打后，她发出了呻吟，看上去晕晕乎乎的，像是轻度脑震荡。可我还是觉得她不肯给我老实，万一她高声大叫起来就麻烦了。再说，她刚才抓伤了我的脸，我也很生气。所以我将她按倒，用刚才解开的绳子绑住了她的手腕，并缠住了她的脖子，吓唬她说："要是不听话就勒死你。"她似乎害怕了，老老实实地把头枕在枕头上。我扯掉她的睡衣，脱掉她的内裤，强奸了她。我原以为她是个寡妇，虽然是强奸，但我期待她会有快感。谁知她非但没有反应，还在我身下朝我瞪眼睛说："畜生！我记得你的脸！明天天亮就去报警抓住你！"我想，我们两个靠得这么近，她肯定会记得我的脸，她要是去报警我就完了。于是强奸结束后，我就紧紧地收紧绕在她脖子上的绳子。她痛苦地扭动着身体,头部离开了枕头,肩膀也脱离了被子蹭到榻榻米上。后来她整个人就这样瘫软了下来。我想到如果她过一会儿又缓过来,我也就完了。这时,我看到房间的角落里有一块蓝色的包袱布,就用它再勒了一遍山根末子的脖子。又用绳子绑住了她分开的双脚。然后拉过被子,一直盖到她的脸上。逃走的时间和上次说的一样。

为了减轻罪名,所以前几次我一直没有说真话。可最近做梦老是梦见山根末子那张痛苦的脸,搞得我心惊肉跳。我想或许我把真相坦白出来会好受一点,所以下定决心如实交代。

犯罪嫌疑人对以上笔录确认无误,并签名盖手印。

然而,当犯罪嫌疑人铃木延次郎作为被告被起诉,临近第一次公审前,全面推翻了自第五次口供开始的全部供述,声称这些口供都是在警察的精神折磨和诱导式审问下被迫供述的,前四次供述才是事实。犯罪嫌疑人称他并没有用绳子将山根末子勒死,而是在夺取总计十万三千日元后,用柔道的手法致使被害人昏迷,并实施强奸后逃跑的。辩护律师也极力主张其真实性。目前已经进行了三次公审了。

现在,引起香春科长注意的是犯罪嫌疑人第二次口供中的细节,就是口供记录中以下这一部分:

嫌疑人将抢来的十万三千日元现金直接塞进口袋里,发现外面在下雨,担心钱被雨淋湿,就用报纸和百货商店的包装纸把钱包了起来。他为了将包装纸的封口粘上，就到厨房里去找饭粒。

  在厨房的地板上，我发现了一只铝碗，里面盛着一点米饭，还有一些煮熟的鱼和鱼汤。我心想，她家里还养猫？怎么刚才一直没看到猫的影子，也没听到猫叫呢？

香春科长之所以会对这个细节产生怀疑，就是因为他躺在自家檐廊的地板上，读了《文艺界》同人杂志评论栏目上引用的那六页文字。

13

香春银作继续翻看着侦查记录。
他翻到了审讯记录处,审讯者是越智达雄警部补。

问:你说你从厨房地板上的一只铝碗里取了一些饭粒,用来封包现金的纸包,是这样吗?

答:是这样的。

问:可是,我们在被害人家中进行实地勘查时,并没有发现什么铝碗啊。

答:这就奇怪了。因为外面在下雨,我抢了十万三千日元现金塞进口袋后,担心钱会被雨淋湿,就用山根末子拿钱时拆下的包装纸将钱包了起来。但是纸包封不住口,于是到厨房去找糨糊或饭粒。我看见那里有一只铝碗,像喂猫的,里面盛着鱼汤和饭粒。我取了两三粒饭涂在纸包口上。我记得很清楚。

问:那张百货商店的包装纸你后来是如何处理的?

答：第二天我撕破后扔到芝田川河里了。

问：你在被害人家里看到过猫，或听到过猫叫吗？

答：没有。我已经说过了，既没有看到猫，也没有听到猫叫。

问：你说整个犯罪行为大约花了五十分钟，在此期间弄出很大动静，如果屋里有猫或狗，应该会叫着跑出来吧。

答：是的。

问：被害人家里没有养猫也没有养狗，这是她邻居说的。

答：是吗？

问：所以，厨房里不可能有什么盛鱼汤饭粒的铝碗。刚才也跟你说过，警察在现场勘查时也没有发现什么铝碗。

答：所以说很奇怪。

问：不是你记错了吧？

答：既然你这么说，也许是吧。

审讯记录到此为止。

关于盛在铝碗里的饭粒的问答，前前后后就只有这么一段。

在将铃木延次郎送去检察院之前，香春银作也看过这段审讯记录，但当时并没怎么留意。一方面是因为一只铝碗里的饭粒和整个犯罪过程没有什么直接关系。再说，铃木延次郎已经全部招供，大家觉得这个案子已经很清楚了。

然而在公审时，被告铃木延次郎却翻供了包括第五次口供之后的所有供词，重新主张他抢了山根末子十万三千日元现金后，是用柔道的"绞技"弄昏了被害人并对她实施了强奸然后逃走的，并未用绳子将被害人勒死。还声称，第一到第四次的口供是真实的，从第五次开始的口供是在警察的精神折磨和诱导下编造的。他说，与他关在一个拘留所的人说过："要想早点让自己精神轻松，警察说什么就承认什么。等到审判的时候，事情肯定会弄清楚的。"于是他就作了违心的供述。

香春银作要来了前三次公审的记录，发现审判长在审讯中并没有提及铝碗。而且奇怪的是，被告铃木延次郎说到了用百货商店的包装纸包抢来的十万三千日元现金，却没提用铝碗中的饭粒粘纸包封口的事。

审判长和检察官的手头一定有警署对嫌疑人进行审讯时的记录。可审判长却没有问被告铝碗中饭粒的事。也许审判长以为这一点不重要吧？

在检察官的《起诉事实》中，也把铝碗的事省略了。也可能是《起诉事实》中没有提到铝碗的事，所以审判长也没有问。

但是这一切都是因为在被害人家里进行现场勘查时，没有发现铝碗的缘故吧？就被告的心理来说——辩护律师也一样，他们可能担心如果说出了那个幻想中的铝碗，会影响到供述的可信度，所以才避开了那只铝碗。

从检察官的角度来考虑，由于被害人的家里没有那个铝碗，在《起诉事实》中提及势必会影响真实性，也担心会遭到辩护律师的反攻。或许就是出于这一考虑，所以检察官才将铝碗的事省略的吧？

香春银作对于审判阶段大家不提铝碗的现象做了这样的猜测。不过他这样仔细推测，也是在读了《文艺界》杂志之后，在此之前，他对那只铝碗也没怎么在意。

接着，香春银作又读了辩护律师成濑一夫的《辩论要点》。

辩护律师说，被告铃木延次郎是在警察没日没夜的逼供下，被迫承认自己用绳子将被害人山根末子的手脚加以捆绑，并将其勒死的供词。被告当时睡眠不足，思维混乱，心想公审时可以说清真相，就作了违心的供述。这是辩护律师的常用套路。

被告对抢夺被害人山根末子十万三千日元现金的事，又用柔道技法致使被害人失去意识并实施强奸的行为，深表忏悔并已坦白招供，而且被告通过以上犯罪行为已经达到了目的，因此被告没必要再捆绑被害人并将其勒死。

被告将被害人勒死的可能性只有两种——在被告实施犯罪时遭到被害人的竭力反抗使其不能如意，或是被害人高声喊叫使被告感到有被捕的危险。而事实上，被告已经让被害人不省人事，并未遭到强烈的抵抗，被害人也没有大声喊叫，被告轻而易举就达到了强奸的目的，因此他根本没有必要再将被害人勒死。

被告听友人说被害人有钱，在放高利贷，最初他偷偷进入被害人家里只想偷钱。而在拿到钱后，看到被害人衣冠不整，他才起了恶念，对其实施了强奸。被告原本就对被害人毫无杀意。

发生这样的突发性罪行后，也有罪犯杀心陡起的情形。一般发生在罪犯和被害人原本认识，或者是曾见到过的情况。也就是说，罪犯害怕认识自己的被害人事后去告发而将其杀死，从而达到掩盖犯罪事实的目的。

入室抢劫后发现与被害人相识而将其杀死，或是在暗处强奸妇女后，发现与该被害人认识，害怕她日后报案而将其杀死。就以前的案例来看，这些情况确实不在少数。

但是，本案中被告与被害人之前从未见过面，况且被告为了不让人看到自己的长相，还戴着足以遮住脸的大口罩。另外，被告所住的××株式会社的员工宿舍与被害人家相隔大约三公里。被告去工厂上班的方向也与去被害人家的方向相反，被告上街也不必经过被害人的家门口。

被告一开始就想到了将来会在坐公交车或在芝田市内与山根末子碰到，所以他戴着一个大口罩进入她家，以免让她看到自己的脸。被告觉得他与被害人素不相识，犯罪时又戴着一个遮住大半张脸的大口罩，即使将来让被害人遇见，也不会被指认出来。他的考虑也在情理之中。既然想得如此周到，目的又全部达到了，那被告又有什么必要去杀死被害人呢？

本律师想向审判长陈述一下本人最近辩护过的几起案子，来为本案做参考。

那是一起发生在离芝田市不远某小镇的强奸案。具体的时间、地点、被害人姓名与本案无关，在此不一一加以陈述。

加害者是一名二十六岁的单身青年。案发当天晚上，他去电影院看了一场色情电影，受了性刺激。电影散场后他走在一条村道上，见前面有一名女子。她既没有同伴，路上也没有其他行人。他就走近那名女子，突然蹿到她面前，猛打了那女子五六下，强迫被害人与之发生关系。那名女子被打后脑袋昏昏沉沉的，又怕不答应会被杀死，就顺从男子，被拖到树林中强奸了。事后，男子对女子道歉："对不起。请你原谅我吧。"

因为罪犯和被害人素不相识，所以罪犯并没有杀死被害人，反而低头道歉。这样的案例还有很多。

这名男子后来被捕了，但不是由于被害人向警察报了案，而是因另一起盗窃案。被捕后，他自己招供了强奸罪。警察对案发时段走在那条道路上的女性进行了排查，这才找到了那名未报案的被害人。

本案中的被告铃木延次郎与被害人山根末子也是素不相识，通过以上分析，应该可以肯定，被告并未杀害被害人。

辩护律师的《辩论要点》还有以下部分：

警察断定被告铃木延次郎杀害了山根末子，另一个根据是被告的第七次口供。口供要点如下：

我在作案结束后逃到外面，在路灯下看了一下手表，指针指着凌晨零点二十一二分。当时，雨已经停了。我心想,在这三更半夜里穿着鞋子走路,脚步声会被路旁的人听到,万一有人觉得奇怪开门出来看,我就完了。于是我脱了鞋袜,把鞋子提在手上往前走。由于刚才下过大雨,地上虽是柏油路面,但还是形成了许多积水。我赤脚走在上面,发出噼啪噼啪的脚步声。

我因为刚刚犯下了可怕的罪行,所以心惊胆战。山根末子家斜对面有一片田地,田后有片树林。为了让自己平静下来,我走到了树林里,休息了三十分钟左右。这时我感到脸上火辣辣地痛,意识到那是被山根末子抓伤的。在走路时,我发现我的右脚踝像扭了一样痛,走起路来一拖一拖的有点瘸。我想可能是从山根末子家出来时太慌忙,从窗口跳到檐廊上时扭伤了。不过第二天脚就好了。我绕了一大圈回到宿舍,那时已是凌晨一点三十五分了。

很明显,被告在警署所作的这份口供,是在遭受到精神折磨后,为了尽快结束痛苦,而按照警察的暗示供述的。

首先,被告为什么在实施犯罪行为后,非要脱下鞋袜走在雨后的马路上呢?

这是警察为了使被告的行为符合住在山根末子家以东一百米的农业村村田贞三郎妻子的证言,故意暗示被告这样说的。

根据村田友子的证言,她说她在晚上八点钟左右睡觉,半夜里醒来上厕所。在她上完厕所要回房间时,隔着窗听到路上有人朝东走的脚步声。她是这样说的——

那脚步声噼啪噼啪的，是光着脚走在被雨淋湿的路面上的声音。并且，从脚步声中可以听出，那人的一条腿像是拖在地上的。这样的脚步声大概持续了一分钟左右。我当时觉得奇怪，这么晚了，谁会赤着脚在湿漉漉的路上走呢？但我也没多想，就又上床睡觉了。家里其他人都睡得很死，只有我一个人听到脚步声。上床后，我听到客厅里的挂钟响了一点的钟声，所以听到脚步声应该是在凌晨一点钟之前。

可见被告在警察强迫下的口供，就是为了符合这段证言。

而在公审法庭上，被告陈述自己从山根末子家出来后，是穿着鞋子沿马路朝东走的。这与他在警署作的前四次口供相一致。从第五次口供开始，这一点突然变成脱了鞋子赤脚走路，而这个转变发生在被告听了村田友子"那脚步声噼啪噼啪的，是光着脚走在被雨淋湿的路面上的声音"的证言之后。所以后来他的供述就变成了"我赤脚走在上面，发出噼啪噼啪的脚步声"。连被告用的"噼啪噼啪"这样的拟音词也和村田友子说的一模一样。

有谁会这么迷恋雨后的马路，特意脱下鞋子袜子走在上面呢？应该穿着袜子走路，脚步声才不会被路边的人家听到啊。三更半夜的脱了鞋提在手里走路，这如果让路过的人看到了，不是更让人觉得可疑吗？犯人没有理由故意弄成这种状况叫人生疑。这正是警察为了凑合证言所炮制的杰作。

同样，证言中还有这样的说法："从脚步声中可以听出，那人的一条腿像是拖在地上的。"所以警察让当时还是犯罪嫌疑人的被告说在逃跑时扭了脚这样的供词。从被告称第二天脚就好了的说法上，就可看出所谓的崴脚完全是编造出来的。因为警察考虑到如果照一下X光，就会发现崴脚的事纯属子虚乌有。

十一月二十一日，被告在芝田警署接受第二次审讯的供述如下：

我逃到外面（我实施犯罪后，从被害人山根末子家逃出去），在路灯下看了一下手表，时间是零点二十一二分。要是直接回宿舍，说不定路上会遇到什么人，于是我决定改变方向绕一个大圈子再回去。我沿着与山冈反向的道路走去，途中有一片树林，我就进去休息了五分钟左右，定了定神。这时，我觉得脸上火辣辣地痛，用手一摸，发现脸上出血了。那是被山根末子用指甲抓伤的。

以下为该部分在第七次口供时的供述：

我因为刚刚犯下了可怕的罪行，所以心惊胆战。山根末子家斜对面有一片田地，田后有片树林。为了让自己平静下来，我走到了树林里，休息了三十分钟左右。这时我感到脸上火辣辣地痛，意识到那是被山根末子抓伤的。

被告在第二次口供中，对作案之后休息的场所有如下供述："我沿着与山冈反向的道路走去，途中有一片树林，我就进去……"而在第七次口供中则是："山根末子家斜对面有一片田地，田后有片树林。为了让自己平静下来，我走到了树林里……"

还有休息的时间，在第二次口供中是："五分钟左右。"而在第七次口供中则变成了："三十分钟左右。"

毋庸赘言，第二次口供是被告自愿陈述的，而第七次口供则是根据第五次口供的变更而来的内容。被告在公审法庭上说，那是在警察的精神折磨和诱导式审讯下，不得已才供认的。

先假设认可被告的这一说法，以此来比较两次口供中的不同点，就会发现事实好像确实如此。即树林的地点和休息时间的变更，都是为了与住在山根末子家以东一百米处的村田友子的证言相符合。

村田友子的证言中提到：

我听到路上有人朝东走的脚步声……那脚步声噼啪噼啪的，是光着脚走在被雨淋湿的路面上的声音……这样的脚步声大概持续了一分钟左右……但我也没多想，就又上床睡觉了……上床后，我听到客厅里的挂钟响了一点的钟声，所以听到脚步声应该是在凌晨一点钟之前……

本辩护人实地调查了案发现场附近,从被害人的家沿着公路往东共有三处树林,每一处都在证人村田友子家的东面。最近的一处大概与证人家相距八百米。

然而,如果杀害山根末子的罪行的确是被告所为,那么这就与第二次的口供和证人"听到脚步声应该是在凌晨一点钟之前"的说法自相矛盾了。因为自第二次口供以来,被告始终供述"我逃到外面(我实施犯罪后,从被害人山根末子家逃出去),在路灯下看了一下手表,时间是零点二十一二分"。

被告当时戴的手表没有坏。是否杀人暂且不论,在犯了抢劫强奸这样的罪行之后,被告在路灯下看手表的印象肯定比平时更加深刻。也就是说,被告对于凌晨零点二十一二分的记忆不会有错。

审讯的警察也不得不认可这个时间。但是这样的话,就和村田友子的证言有出入了。村田家和被害人家间隔着田地,相距只有一百米,这个距离步行通常不超过两分钟。按照被告先前的口供,那他应该是在零点二十三四分经过村田家前的公路,这与证人证词中提到在"一点钟之前"听到赤脚走路的脚步声之间有很大一段空白。

为了缩短这两者之间的空白,被告就必须把犯罪后"休息"的树林设定在被害人与证人家之间,而且这段休息的时间必须加长。为此他便称"山根末子家斜对面有一片田地,田后有片树林",说他在那里休息了一下,并编造说他在那里休息了"三十分钟左右"。这样一来，无需对被告从被害人家中逃出来的时刻进行变动，仍保留零点二十一二分，再算上被告往返那片树林的时间和休息的三十分钟，于是被告经过证人家前公路上的时间正好在"一点钟之前"。

本辩护人在勘查案发现场周边环境时，的确看到被害人山根末子家斜对面有一片田地，田地往北两百米处有十几棵冷杉、枫树。这勉强可算作"树林"。并且，田地中间没有路，要到那片"树林"，必须先沿着县道往西折回五十米左右，然后再从田埂上绕过去。

另外，根据被告在警署的第二次口供，从证人村田家沿着县道往东走八百米处，也有一片上百棵树木形成的"树林"，并且就在县道边上。

从犯罪心理来说，作案后，犯人总是希望尽可能远离犯罪现场。在犯罪后想要休息一下以缓解疲劳和精神上的紧张感时，也会这样选择地方。可是在第七次口供中，被告却称他到被害人家斜对面的树林中休息。可那树林离被害人家非常近，在白天从那里可以直接望见被害人家。而且被告必须从县道上绕个大圈子走田埂去，然后在那里休息三十分钟。这根本不符合逻辑。况且那片树林的树也很少。

综上看来，被告到证人家沿县道以东约八百米处的树林休息才比较合情合理。那片树林在县道旁，树木也多。"休息五分钟"的长度也很自然。

总之，为了使被告对山根末子犯案结束后从证人家前的县道往东走的时间，符合村田证言中所说的"凌晨一点钟之前",审讯的警官便强迫当时还是犯罪嫌疑人的被告作出了第七次口供。这一切都是为了"凑时间"。

因为证言中有"在凌晨一点钟之前听到有人赤着脚噼啪噼啪走路"这样的说法,于是出现了被告供述中"脱了鞋袜提在手里,光脚走在路面上"这样离奇的情况。这只能认为是警察强迫被告作如此供述的结果。

被告经过证人家门前的县道,如前四次口供所述,是路灯下看手表的两分钟之后,也就是零点二十三四分。那时证人还没有去上厕所,还在睡觉,所以她并没有听到犯人路过的脚步声。

但是,不能因此认为证人在说谎,或认为她记错了时间。实际上,证人在一点钟前听到的"赤脚走路的声音""一条腿像是拖在地上的声音"应该不是被告的脚步声,而是第三者的脚步声。至于这位从县道上经过的第三者是否与本案有关,目前还不得而知。

本案中能证明被告犯罪行为的物证很多,但这些都只能证明被告入室抢劫、强奸,并与被告从第一次到第四次的口供,以及在公审中的供述相互印证。

没有任何可以证明被告用绳子和包袱布将山根末子捆绑并勒死的物证。因此,审讯的警察将村田友子的证言当作唯一的证据,为了让被告的逃跑行为与之相符,于是在第七次审讯时强迫被告作了上述第七次口供——本辩护人只能如此理解。

县警搜查一科科长香春银作合上成濑辩护人的《辩论要点》，同时合上眼睛。这并不完全是因视觉神经疲劳，也是因为要开始思考。

不一会儿，他睁开了眼睛。窗外，光线变得暗淡起来，天空突然阴沉了下来。秋日的阳光原本就很弱，天空被云层一遮蔽，马上就显得昏暗了。

他伸手从桌子上拿起香烟盒，抽出一支点上了火，一支烟总能帮助他找到思路。

这时，电话响了。是内线电话。

"喂，是我。"

"是搜查一科科长吗？我是总务科的柴田。按照原定计划，下午一点钟在总部长办公室召开科长会议。"

"知道了。"

放下电话后，香春科长看了看手表，时间是上午十一点半。

他又拿起电话，按下了一个按钮。

"越智在吗？"

"在。"

"叫他到我办公室来一下。"

没过五分钟，宽脑门、尖下颌、黑皮肤的越智警部补就出现在香春科长的面前。领带结有些松，移到了下面。他是第一班的主任。

"哦，这边坐。"

香春科长从办公桌后面走上前。办公室里有一张接待来客兼开小型会议用的大桌子，桌子两边各有四把椅子。香春科长和越智警部补就近在靠边的椅子上面对面坐了下来。香春科长拿起桌上待客用的烟盒，打开盖子请越智抽烟。

"我刚才又读了一遍成濑辩护人的《辩论要点》，就是芝田署管辖内的那个放贷寡妇被杀的案子……你也读过吧？"香春科长用打火机给越智点火。

"啊，仔细读过。"

因为烟雾的关系，越智警部补眯了一下眼睛。苍白的烟在他眼前散开。

"成濑先生说，被告第五次往后的口供，都是在审讯警察的强迫下供述的，还说被告在公审法庭上也翻供了。"

"负责审讯铃木延次郎的是芝田署搜查科主任国广警部补。成濑辩护人向审判长提出了申请，希望国广警部补作为证人出庭，审判长同意了。所以，近日恐怕国广警部补要在法庭上接受成濑辩护人的盘诘。国广警部补称，被告第五次往后的口供是他本人自愿供述的，根本不是被告和辩护人所说的那样，采用了什么精神折磨或诱导式审讯的手段。"

"是这样吧。"

香春科长就此没再说什么。此刻再问"审讯的力度是否过头了""是否有强迫的做法"之类没有意义。

"你是什么时候对犯罪嫌疑人进行协同审讯的？"科长问。

县警署和当地警署会联合行动逮捕嫌疑人，但审讯阶段往往以当地警署为主。

"听说第五次审讯时犯人招供了。我参加的是第六次审讯。"

"铃木延次郎用百货商店的包装纸包现金，然后去厨房在一个喂猫的铝碗内取了饭粒的事，你问过吧？"

"是的。"

"可在被害人家里一直没找到那只铝碗，是吧？"

"是啊，没有。找过一阵子，就是没有发现。可能是铃木弄错了。听被害人的邻居说，被害人家里没有养猫。"

"山根末子与周边的邻居没什么来往，很少有邻居上她家去吧？"

"是的。不过倒有人去她家借钱，或者还钱、还利息。"

侦案初期，警方曾把被害人遭凶杀的原因归结为金钱借贷关系的纠纷或男女关系的问题。然而调查后发现，这位三十八岁的独居寡妇并没有什么桃色绯闻。在金钱借贷方面也同其人品一样守规矩。

"可是，"香春科长用柔和的声调对越智警部补说道，"为了防止包着十万三千日元现金的纸散开而用饭粒将封口粘住，这个说法好像不假。因为十万三千日元对铃木延次郎来说可是一大笔钱啊！"

"盛饭的容器还有方位什么的，这些应该是铃木的错觉吧？毕竟他第一次犯罪，也许把以前在养猫人家看到的情形和犯罪现场弄混了。被害人家厨房里有一个盛了饭的大海碗，山根末子平时好像会将吃剩下的东西都倒在大海碗里。铃木该不是从那个大海碗里取了饭粒糊纸包的封口的吧。"

"那只大海碗里有鱼或鱼汤吗？"

"没有。只有白饭。"

香春科长交换了下两腿的位置，重新跷起二郎腿，用手支着脸，再次陷入刚才的思考。

"如果在厨房看到的那只铝碗不是铃木的错觉，即那个碗确实存在，"他自言自语道，"在案发第二天早晨九点多警方现场勘查时，却没发现那只铝碗及里面的饭。这又是怎么一回事？说明那只铝碗在铃木逃离现场后，到警署接到报案于九点钟赶到现场之前的这段时间里，从厨房地板上消失了。"

越智警部补无法回答，只是愣愣地看着香春科长的脸。

下午一点钟在总部长办公室举行的科长会议，开了一个小时左右结束了。会后，搜查一科科长一人留了下来。

"总部长，我有件事想跟您说。是关于去年十月在芝田署管辖内发生的寡妇被杀案……"

他的手里拿着一本杂志。

14

……金井来到四国的B市已经三天了。从这里坐公交车一个小时左右可以到县厅的所在地。但那里太都市化,找不到写生的题材,而且住宿费也相当贵,因此他只能敬而远之。不过,如果真住到乡下去,他又觉得旅馆太脏,定不下心画画,周边环境太单调容易厌倦。

B市是座城下町[1]。这里曾是一个一万石俸禄的小藩。城中央有一段称不上旧城遗址的石垣,周围环绕有护城河。护城河边种着成排的杨柳,但金井来到这里时已是十月初,杨柳的树叶大多都已经凋落殆尽了。护城河边有一排四角的白色建筑物,市政府紧挨着警署,一旁的建筑门前立着检察厅分部、法院分院的牌子。石垣里面是图书馆和博物馆。博物馆中陈列着石器、陶器、勾玉以及旧藩主的甲胄、腰刀、书画等物件,没什么了

---

[1] 以城郭为中心成立的小镇,一般为乡下集市。

不得的文物。

　　从这里的高台向南望去，有一片不高也不低的群山，像屏风一样连绵耸立着。群山西面的山峰略高，形成一道陡峭的山坡，垂直俯冲向山谷。金井投宿的旅馆就在它的山脚下。

　　十五年前，这里是个村落，后来与其他地区合并，更名为C地区。合并五六年后，成效开始显现出来。城下町的海岸地带建起了大型化工园区，外市工厂大量入驻。在这一阵开发热的带领下，原本属于农村的C地区内，田野间也建起了红屋顶、蓝屋顶的住宅区。

　　金井腋下挟着写生簿，在村道、田埂上走了两三个小时。他没有画成像样的写生，每张画纸上的铅笔线条都只画到一半。谁都能看出他的心情很凌乱。写生簿中的画纸已经被他扯掉了五六张，所以装订处也松动了。

　　他画不出画，每天晃来晃去。不过他总会经过同一个地方，即使朝别的方向走，最后总会从那段路上经过。似乎当一个人内心焦躁难耐、什么都看不顺眼的时候，冥冥之中总会自然而然地被带到一个令自己满意的地方。

这是《文艺界》杂志引用的，同人杂志中的一段文字。县警总部长读到这里时抬起头，看着给自己这篇文章的香春搜查一科科长。

"写的是本县的芝田市？"

"是。"香春银作点了点头。

"一看就知道了。旧城遗址内有市立图书馆和博物馆，外面是市政府、警署、检察厅分部、地方法院分院，大型化工厂带动城市发展……算不算发展先不说，热闹地连周边的农地都建起了住宅群……'群山西面的山峰'，文中有这个明显标记的C地区，应该就是户仓吧？"

"正是。"

"特征把握得很好。这篇小说的作者，应该是对户仓非常熟悉的本地人吧？"

"不是。是佐贺县唐津市人。"

"是九州的？他最近来过芝田市的户仓？"

"这篇文章的作者应该来过吧？"

香春科长没说"这篇小说的作者"，而说"这篇文章的作者"，总部长听后不禁露出了惊讶的表情，心想：小说和文章这两个说法不是一样吗？可话到嘴边他又咽了回去。

"小说的主人公是位画家，他画不出画，又焦躁不安。看来是遇上什么烦心事了吧？"总部长又对小说的情节感到了好奇。

"好像是因为爱情问题。"

"爱情问题？我说呢。"总部长的嘴边浮起了笑容。他的口吻像是非常了解小说的选题题材。

"结尾处提供了一点暗示。"香春科长把双臂撑在总部长的桌子上，眼睛盯着对面的杂志。

"哦，我明白了。这个叫金井的画家因为爱情纠葛，或是失恋了，就来到四国的户仓这一带转悠。是这个构思吧？所以画不出来。"

"是这样的。不过，这不是一篇完整的小说，所以不清楚具体情节。"

"这是引用的一段。那么刊登在《海峡文学》上的原文,应该是完整的吧?"

"我不知道能不能这么说。我本想叫《文艺界》的编辑部将《海峡文学》复印寄来,读一下这篇小说的全文。不过,即使不看后文,光读引用的这段,你就会有感触。"

总部长听了,脸上露出了困惑的表情,表示不太理解香春科长所说的话。

"我的意思是,没有必要读整篇小说。"香春科长说道,"光读《文艺界》的同人杂志评论栏目引用的这段,就足够我们参考了。总部长,请您继续读下去,文章并不长。"

这一带,还有很多农户。农家间隔着宽阔的田地,中间还有一些叶子发红了的小树林。这里好像曾是一个富裕的小村落,有许多传统的旧瓦房。其中一户人家门前有条公路,沿着公路种着一排悬铃木。这户人家的院子四周是一圈柏树树篱,院子里有一棵老樟树,高高地向天空伸展出枝权。让金井中意的路就是这条悬铃木小道。这棵从大老远就能看到的老樟树似乎是一处地标,吸引着他的脚步自然而然地走到这里。金井每次从这户人家的屋前经过时,都没有看到过住在里面的人。就连这一家的附近,也不见行人的身影。他逗留的时间不长,也就几天,不过他总觉得这里静悄悄的,这种氛围与其说是静谧倒不如说很神秘。不过正是这种神秘感,使他焦躁不安的内心恢复了平静。

只有一件事是个例外，就是金井与在这条路上遇见的一个中年男子熟络了起来。那是金井第一次走到这条路上时的事。那个男人站在十字路口处，正伸长脖子东张西望。

他看到金井走来，就问道："有没有看到一条小狗？棕色的柴犬？"说着还用手比划了一下狗的大小。好像是一条小狗。

金井回答说没看到。那人马上满脸困惑起来，也不道一声谢，就急匆匆向另一条路找去，嘴里嘟囔着："跑哪儿去了？"那人一边走一边朝农家的屋后、地头上、树丛里张望。他后脑勺的头发有些稀疏，圆圆的头顶微弱地反着光。

金井第二次看见那个男子是两天之后，但不是在上次遇见的地方，而是看见了田地对面他身穿皮夹克的身影。看样子那条不见的小狗还没找到。上次离得很近，可以看清他四角方方、颧骨突出的脸，可这次离得太远，看不清他的表情。

十月中旬，在决定退房回东京的前一天，金井腋下夹着写生簿，最后一次去他中意的那条小道。在那里，他又遇到了那个找狗的男人。不过这一次，他那双眼角细长的眼睛显得很平静，正悠闲自在地走着。那人看到金井后，眯起眼睛，薄薄的嘴唇微微张开，露出热情的微笑。似乎是在用笑脸，向金井表达上次打听小狗去向的感谢。

"爱犬找到了吗？"金井轻声问道。

"找到了,可又跑了。"四十多岁身穿皮夹克的男人平静地说道。

"哎?又跑了?"

"嗯,我拴住它了,可一不留神又让它跑掉了。"

"啊呀,那不又要……"

金井想说"那不又要找一场了",可还没等他说完,那人却平静地说:"没事,我知道它去哪儿了。"

他接着说:"这只狗呀,总是乱闯别人家,一旦它记住其中一家,就会觉得那家待它好,不想搭理每天养它的主人。从我家跑出去就一定是去那里了。跟人一样啊。"

那人朝着那棵大樟树的方向走去。

男子临走时说的那句话回响在金井的耳朵里,像水珠一样"滴答滴答"地落在他的心上。比起看腻了的主人,无意中闯进的人家更具有新鲜感。这种情况一旦发生,主人一大意它就会跑到那边去。金井心想,这不就是亮子、村井跟自己之间的关系吗?自己回到东京后,又要卷到这种关系里面去了。村井就像那个穿皮夹克的男人,悠闲地走来说:"没事,我知道它去哪儿了。"然后找上门来。玄关的门铃响三次,间隔两秒钟,每一下响两秒……

总部长从文学杂志上抬起头来,与对面一起看杂志的香春科长的视线交会。他眼里读小说的兴致已消失了。

总部长拿起一旁的铅笔,再一次低下头读杂志。他的双肩看起来硬邦邦的，像钢筋一般。他的左手手指在字里行间移动着，右手握着笔在左手停下来的位置上重重地画了下划线。

　　这一带，还有很多农户。农家间隔着宽阔的田地，中间还有一些叶子发红了的小树林。这里好像曾是一个富裕的小村落，有许多传统的旧瓦房。其中一户人家门前有条公路，沿着公路种着一排悬铃木。这户人家的院子四周是一圈柏树树篱，院子里有一棵老樟树，高高地向天空伸展出枝杈。让金井中意的路就是这条悬铃木小道。这棵从大老远就能看到的老樟树似乎是一处地标，吸引着他的脚步自然而然地走到这里……十月中旬，在金井决定退房回东京的前一天，他腋下夹着写生簿，最后一次去他中意的那条小道……

香春科长将《户仓寡妇被杀案实地勘查报告》，双手递给了总部长。

　　近年来芝田市迅速发展，公寓房、商品房以及私人建筑不断向城市周边延伸，然而案发现场附近尚未完全被开发为住宅用地，属于新开发地和旧农村的交界地区……
　　被害人山根末子的居所，如示意图二、三及照片一、二、三、四所示。宅地外植有与道路平行的悬铃木，西北角有竹篱与外界区分。南面外围栽有高约一米半的柏树，内侧则为檀树，两者形成树篱防火隔离带。

<u>院内有一棵高八米左右的古樟树，在附近一带很显眼。</u>

总部长仔细地对比了杂志上的下划线部分和实地勘查报告中加点的部分。

"毫无疑问，环境特征简直一模一样。"总部长肥胖的脸上开始充血，如同涨潮一般很快变得通红，"这个作者在发生凶杀案之前，也就是'十月中旬'，曾多次经过户仓山根末子的屋前。凶杀案发生在十月二十八日夜里。十月中旬一般指十四五日到二十日这一段时间。所以他经过山根末子家的时间，应该是案发十天或一星期前。"

"我也这么认为。读到杂志上引用的这段文字时，我眼前就出现了那熟悉的场景，而这个场景又和印在脑海里的实地勘查报告所记述的场景重叠在了一起。"香春科长挺起了弯着的腰说道。

"我要请教一下，作者空想出来的场景，有时也会偶然和实际场景相一致吧？"

"相似的情形估计有，但不可能像这样连细节部分都丝毫不差。"

"这就是说，作者肯定去过那里，并且是在案发之前？"

"可是，这位作者当时一直在佐贺县唐津市的家里，一晚上都没外出过。"

"此话怎讲？"

"刚才我跟唐津警署联系过。碰巧搜查科科长就住在作者下坂一夫家附近。据他说，下坂一夫在一个月前搬到福冈市去了，现在和新婚妻子住在公寓里。他父亲在唐津市内开着一家很大的陶瓷店，他本人计划最近在福冈市开一家分店。"

"一个月前搬到福冈市，那也是没办法的事。问题是，去年十月份，这个叫下坂一夫的人真的一直在唐津市？"

"是这样的。"

"这么说，他写的这个场景只是偶然巧合？细节也是？"

"不是偶然巧合，是看到实际场景后写的。"

"这到底是怎么一回事？"总部长的目光变得严峻起来。

"我觉得写这段文字的人不是下坂一夫。同人杂志评论栏目的评论家不是也说了吗？小说中只有这段文字写得好，所以加以引用，其他部分都写得不行。所以我觉得，这一段文字不是下坂一夫写的，是别人写的。"

"这么说来，这部分是下坂一夫抄袭的？是剽窃或擅自引用？"

"是不是剽窃还不太清楚。不过我们必须加以调查，找到那个真正写这篇文章的人……总部长。"

香春科长再次将脑袋凑近坐着的总部长。

"这段文字中隐含着寡妇被杀案中一个关键线索。被告铃木延次郎的口供中有好几处叫人难以理解的地方，这段文字恰好能够解释……总部长，我认为被告铃木延次郎应该不是真正的凶手，真正的罪犯另有其人。"

15

香春科长向县警总部长详细汇报了自己的想法与建议,他推断杀害芝田市户仓寡妇的凶手,并不是目前正在地方法院接受审理的被告人铃木延次郎,而是另有他人。他的根据是,在被告铃木延次郎的口供中那些叫人难以理解的地方,都可以用这篇文章加以解释。

"总部长,请您看这儿。"

香春科长打开了铃木延次郎在芝田警署的第二次口供记录。当时,铃木还是犯罪嫌疑人。香春科长将口供中的某一部分指给总部长看:

> 于是我就想,有没有糨糊或饭粒什么的。在厨房的地板上,我发现了一只铝碗,里面盛着一点米饭,还有一些煮熟的鱼和鱼汤。我心想,她家里还养猫?怎么刚才一直没看到猫的影子,也没听到猫叫呢?我从铝碗中取了一些没泡在鱼汤里的饭粒,将其涂在包装纸的边上

把口封住。这个过程大概花了十分钟左右。

总部长抬起头来。

"原来不是猫,而是狗吧?就是小说中写到的那只棕色的小柴犬……"总部长领会得很快。

"是的。不是猫,而是柴犬。"香春科长说道。

"被害人的邻居都说山根末子家没养猫也没养狗。可那只铝碗中的饭,就是给闯进她家的柴犬吃的吧?"总部长说着又将目光移向文学杂志的那篇文章上。

"是的。就是小说中那个叫金井的画家在和户仓一模一样的路上遇到的那个中年男子养的那条柴犬。那条小狗趁主人不防备时溜了出去,闯进山根末子的家。山根末子不知道那是谁家的狗,可能觉得它可爱,就给它饭吃。"

香春科长走到总部长的身边,跟他一起仔细看桌子上摊开的杂志。

"这里写的是'十月中旬'。如果这是事实的话,恰好在山根末子被害的十月二十八日之前。金井第一次遇见中年男子时,那个男子正站在十字路口四下张望,见金井朝他走来,就问道:'有没有看到一条狗?棕色的柴犬。'还用手比划,表示是一条小狗。两天后,金井再次遇见他的地点不是上次的那个地方,而是隔着一片田地。那人好像还在寻找他的小狗。第二次遇见的时间,文章中没有写明,估计该是两三天之后吧。金井问那个男子……"

香春科长出声读出下面一段:

"爱犬找到了吗？"金井轻声问道。

"找到了，可又跑了。"四十多岁身穿皮夹克的男人平静地说道。

"哎？又跑了？"

"嗯，我拴住它了，可一不留神又让它跑掉了。"

"啊呀，那不又要……"

金井想说"那不又要找一场了"，可还没等他说完，那人却平静地说："没事，我知道它去哪儿了。"

他接着说："这只狗呀，总是乱闯别人家，一旦它记住其中一家，就会觉得那家待它好，不想搭理每天养它的主人。从我家跑出去就一定是去那里了。跟人一样啊。"

那人朝着那棵大樟树的方向走去。

"小狗去的那个地方，"朗读结束，香春科长抬起头注视总部长，"毫无疑问，就是山根末子家。这段对话的后面有这么一句——'那人朝着那棵大樟树的方向走去。'在被害人家的实地勘查报告中记载有：'院内有一棵高八米左右的古樟树，在附近一带很显眼。'这两者的记述完全一致。"

总部长点了点他的双层下巴表示同意。

那只逃跑的小狗，在那个有樟树的人家待了几天。它的主人发现后，就去对方家把它要了回来。小狗回到主人身边后，又钻空子逃了出去。不过这次主人知道它去哪里了，所以也不慌张。小狗无意中闯进山根末子家时得到了饭吃，所以它好像喜欢上了那里。

小说将这种表现与主人公的人际关系联系了起来。

比起看腻了的主人，无意中闯进的人家更具有新鲜感。这种情况一旦发生，主人一大意它就会跑到那边去。金井心想，这不就是亮子、村井跟自己之间的关系吗？

"的确是啊！"总部长从招待用的香烟盒中抽出一支烟，凑近打火机点上火，"……由于这条小狗的关系，那个穿皮夹克的狗主人和山根末子就此熟络起来了，对吧？"

"要说这'熟络'指恋爱程度，恐怕还不至于，因为时间太短了。皮夹克男子找狗这件事也就发生在山根末子被杀的十天前左右。"香春科长说道。

"可是，你这仅仅是按小说的设定来假设……"

"我认为事实的确如小说设定的那样。"

"……"

"中年男子到山根末子家去要回了自己的狗。可要回后一不留神，小狗又跑到山根末子家去了。于是那男子又去找它。估计这样的过程重复了两三次吧。在上门找狗的时候，那男子从山根末子家后门看到了她家中的情况。每次要回小狗时，也会与山根末子攀谈几句。比方说：'给您添麻烦了。'山根末子也会说：'小狗好可爱哦。'大概两天后，小狗又逃过去了。于是那个男子从山根末子家后门口进去问：'小狗有没有来这里？''嗯，来了，在这里。'寡妇笑盈盈地将小狗还给他。厨房地板上应该放着一个盛着饭的铝碗。'它是喜欢上这里了。'那个男子不好意思地说着将小狗带了回去。估计他们之间发生过几次这样的情节。当那个男子知道这么大的屋子里只住着放高利贷的寡妇一个人,又从后门看到屋内的情况,他会产生什么样的想法是不难想象的吧?"香春科长坐在椅子上说。

"你是说,十月二十八日的夜里他去山根末子家是要实施盗窃?"

"是的。到了那里一看,发现后门檐廊处的窗开着,于是他从那里爬了进去。可进去一看……"

"等等,那时是几点钟?"

"估计是凌晨零点四十分左右吧。"

"是在铃木逃走之后?"

"是的。铃木在第一次口供里说,他在晚上十一点三十分左右撬开山根末子家后门的套窗进到屋里,作案后逃到外面,在路灯下看手表时的时间是零点二十一二分。铃木逃走时没有遇到后面入室的男子。因此我推测,那男子大概是在铃木逃走二十分钟之后,也就是零点四十分左右来到山根末子家的。"

"那时,家中已是一片狼藉,山根末子被铃木勒了脖子横躺在被褥上。"

"她被勒了脖子,不过并未死去。她只是被铃木抓住衣领,在柔道中的'十字绞'手法的攻击下昏迷了。下面都是我的想象:后来入室的男子被眼前的情况吓坏了,哪里还顾得上偷钱,只想快点离开。可就在这时,躺在被子上的山根末子醒了过来。她睁开眼睛,看到房间里站着一个男人。由于刚刚醒过来,脑子还昏昏沉沉的,她会认为眼前这个男子就是勒自己脖子的人。也难怪她会这样想。当时她才睁开眼睛,和没睡醒一个状态。而且她遭到强奸，难免有些神经错乱。"

"嗯……"总部长又点了一下头，赶紧分析道，"于是，山根末子就高声大叫起来了？"

"估计不光是高声大叫，还站起身来扑了上去，因为她是个很刚强的女人，她之前不是还把铃木的脸都挠出血了吗？估计她又骂又叫说'我认得你，你是那只小狗的主人'什么的。"

"可是，作案的是铃木延次郎，两人长相不一样啊。"

"被害人一度昏迷，所以并不觉得自己认错了人。她已经神经错乱，而且铃木说他戴着一个大口罩，所以被害人很难区别，她只认得眼前这个男子是那条小狗的主人。我想男子一定惊恐万分，他知道被害人认得自己，如果她去报警，那他还就不得不背上莫须有的罪名。于是他将山根末子推倒，并用绳子勒死了她。即使这样他仍不放心，又用蓝色的尼龙包袱布再勒了一遍……总部长，由入室偷盗、抢劫演变的杀人案，基本上都缘于双方认识。"

"嗯，嗯。"

"铃木延次郎与山根末子素未谋面。铃木威胁山根末子后抢了她十万三千日元现金，之后又用柔道手法使其昏迷，并强奸了她。但山根末子并不知道他是谁。铃木也说他当时戴着一个大口罩，遮住了大半张脸。所以，铃木没有必要杀死山根末子。"

"你的推理讲得通。但是，山根末子的手脚都被绳子绑住了，这又如何解释？"

"这应该也是后来闯入的那个男子所为。可能他被山根末子骂火了，勒死被害人仍觉得不解恨，于是绑住了她的手脚。还有一个解释，他觉得自己用绳子杀了人，这并不是前面那个罪犯所为，所以他要造成一个不是自己勒死被害人的假象。于是他决定彻底改变犯罪现场，以此来扰乱侦查人员的视线。你觉得会不会是这样？"

总部长嘴里叼着的香烟中途熄掉了，但他并没按动打火机将烟重新点着。

"铃木延次郎戴着手套进入山根末子家。后面进去的那个男子也戴着手套，所以他们两人都没有留下指纹。作案时榻榻米和地板上不会留下脚印，房屋周围原本应该留有脚印，但也在凌晨三点左右的大雨中被冲掉了。因为那场大雨持续了两个小时之久。"香春科长补充说明道。

"后来的那个男子有没有对山根末子进行性侵犯？毕竟山根末子正人事不省地躺在被子上。"

"没有。山根末子醒来后又吵又闹，还扑向男子，那个男子根本不会有那种心思。所以解剖鉴定中，被害人山根末子体内也只检出铃木的A型血。"

"这么说来，距被害人家以东一百米的村田友子在凌晨一点之前听到的那个赤脚走过门前的脚步声，不是铃木延次郎的，而是后来进屋的男子逃走时的脚步声？"总部长脸色沉重地问。

"看来只能这样认为。"香春科长低下头回答。

成濑辩护人那冗长的《辩论要点》中的一段文字又浮现在他的脑海里：

> 实际上，证人在一点钟前听到的"赤脚走路的声音""一条腿像是拖在地上的声音"应该不是被告的脚步声，而是第三者的脚步声。至于这位从县道上经过的

第三者是否与本案有关，目前还不得而知。

说不定总部长此刻也回想起了这段辩论要点。

"还有一个有力证据能够证明，之后进入山根末子家的人就是那位狗主人。"

"嗯？什么证据？"总部长语气沉重地问道。

"就是铃木口供中提到的，厨房里的那只铝碗。"香春科长也语气沉重地回答道，"铃木在口供中提到，他在厨房里看到一只盛着饭的铝碗，并取下铝碗中的饭粒当糨糊封住现金纸包的封口，所以他本人记得很清楚。但越智警部补对此提出了质疑。因为实地勘查报告中没有提到那只铝碗，勘查现场的侦查员也说没见过铝碗。但现在想来，铃木的口供并没有错。他的确在厨房地板上看到过那只铝碗，并从中取了饭粒。第二天实地勘查没有发现铝碗，肯定是后面进去的那个男子将铝碗拿走了。他一定觉得平时不养猫不养狗的山根末子家，要是厨房地板上放着这么一只铝碗，会暴露出与自己的狗的关系，所以逃跑时将它拿走了。"

办公室的门半开着，有人拿着文件资料向门内探头张望了一下。但看到屋里总部长与科长如此投入，又赶紧将门关上了。

16

A县警总部搜查一科的越智达雄警部补,和芝田警署搜查科科员门野顺三巡查部长到福冈市出差已经三天了。

县警总部搜查一科香春科长给总部长看了《文艺界》杂志并交谈后,决定派他们两人出差。

香春科长同样也让要去福冈出差的两位警员读了《文艺界》同人杂志评论栏目中下坂一夫的小说《野草》,还与他们说了和县警总部长说过的相同内容。

"我重新读了侦查记录,觉得杂志上引用的小说道出了案子的真相。看来现在在地方法院接受审理的被告铃木延次郎,不是真正的凶手。他在公审法庭上翻供自己在警署里所作的口供,恐怕也是事实,或许他真的没有杀人。辩护人成濑指出的疑点似乎就要找到答案了。"

辩护人成濑指出的疑点是指被告在作案后休息地树林的方位以及将鞋提在手里赤脚走路这两点。香春科长让他们两人又看了一遍《辩论要点》中的相关部分:

从第五次口供开始,这一点突然变成脱了鞋子赤脚走路,而这个转变发生在被告听了村田友子"那脚步声噼啪噼啪的,是光着脚走在被雨淋湿的路面上的声音"的证言之后。所以后来他的供述就变成了"我赤脚走在上面,发出噼啪噼啪的脚步声"。连被告用的"噼啪噼啪"这样的拟音词也和村田友子说的一模一样。

有谁会这么迷恋雨后的马路,特意脱下鞋子袜子走在上面呢?应该穿着袜子走路,脚步声才不会被路边的人家听到啊。三更半夜的脱了鞋提在手里走路,这如果让路过的人看到了,不是更让人觉得可疑吗?犯人没有理由故意弄成这种状况叫人生疑。这正是警察为了凑合证言所炮制的杰作。

……

另外,根据被告在警署的第二次口供,从证人村田家沿着县道往东走八百米处,也有一片上百棵树木形成的"树林",并且就在县道边上。

从犯罪心理来说,作案后,犯人总是希望尽可能远离犯罪现场。在犯罪后想要休息一下以缓解疲劳和精神上的紧张感时,也会这样选择地方。可是在第七次口供中,被告却称他到被害人家斜对面的树林中休息。可那树林离被害人家非常近,在白天从那里可以直接望见被害人家。而且被告必须从县道上绕个大圈子走田埂去,然后在那里休息三十分钟。这根本不符合逻辑。况且那片树林的树也很少。

综上看来，被告到证人家沿县道以东约八百米处的树林休息才比较合情合理。那片树林在县道旁，树木也多。"休息五分钟"的长度也很自然。

总之，为了使被告对山根末子犯案结束后从证人家前的县道往东走的时间，符合村田证言中所说的"凌晨一点钟之前"，审讯的警官便强迫当时还是犯罪嫌疑人的被告作出了第七次口供。这一切都是为了"凑时间"。

越智警部补和门野巡查部长已经不止一次读过《辩论要点》。可是这次，当他们瞪大眼睛仔细读完后，两人都愧疚地低下了头。

"村田友子的证言估计没什么问题，对其加以重视也是非常正确的。但我们太把这当回事了，对犯人的审讯力度也似乎大了点。"

犯罪嫌疑人的主要审讯人是芝田警署的门野巡查部长，而县警搜查一科主任越智警部补，则以协同侦查的身份参与审讯。香春科长刚才说"对犯人的审讯力度也似乎大了点"，说明他已经认为确实存在有诱导和强迫——即辩护人主张的"精神折磨"的问题。

两位当时的审讯官一时低下头，默不作声。

"审讯时多少有过头之处，对此我们一定认真反省。"门野巡查部长低下头。

"科长说得很对。给您添麻烦了，十分抱歉。"越智警部补也低头认错。

"关键是那条狗。刚才也说了，在铃木延次郎之后进入山根末子家并将她杀死的人，就是那条小狗的主人。逃跑的小狗闯入山根末子家，使他与山根末子相识，也了解到山根末子家的情形，同时让他产生了盗窃的念头。将被害人和犯人联系起来的是那条小狗。我们以前都没有注意到这一点。越智，你还算追问过铃木延次郎口供中提到的那只铝碗呢。"香春科长说。

"在现场勘查时没有发现那只铝碗，所以我怀疑是不是铃木记错了，问了他。铃木说确实有那个铝碗，还说他用铝碗中的饭粒糊了抢来的十万三千日元现金的纸包封口。但当他本人听说山根末子家中没有发现那只铝碗时，又不自信地说'或许没有'。对此我们也没太在意，只问了那么一次就没再提。而且山根末子家既没养猫也没养狗。现在想来，那时真是大意了。"越智弓着背说。

"不，这样想也合乎情理。读这篇小说前，我们都不会注意到那条走失的小狗。"老文学青年香春科长用手指敲着文学杂志说道。

出差到福冈的两人经常打电话向香春科长汇报情况。

"我们见到了那篇小说的作者下坂一夫，问了他一些情况。"电话中传来的始终是越智警部补的声音，"之前我们打电话向唐津警署确认过下坂一夫在案发当天以及前后一段时间的不在场证明，结果他当时的确在唐津。我们到这里又对下坂一夫作了进一步调查，他当时在佐贺县唐津市他父亲的陶瓷店里帮忙，没有出去旅行过，没有在外面住过一夜。去年十月二十八日即案发当夜，他在父亲家与《海峡文学》的两个同仁开了下期杂志的编辑会议。其中一人叫内野藤夫，家住福冈市，是博多一家纺织厂里的工人。另一位叫古贺吾市，住在佐贺县坊城，是个渔船船员。我们问过这两人，他们的证言完全一致。下坂一夫的父亲和哥哥也可以给他作证。"

"是这样啊……"

香春科长思考问题时有个怪癖，喜欢用两根手指在桌子上敲，像拍电报似的。桌面上放着一块玻璃板，他的敲击声显得有些清冷。

"可是，"香春科长对越智警部补道，"那位作者是去过被害人住宅附近，观察过后写的那篇小说。我也与你们说过，小说中的场景描写与实际状况一模一样，简直就像实地勘查报告的小说版。如果他只是听别人讲起过，绝对不可能写成这样。这身临其境的感觉，作者不亲自去写不出。"

"关于这个，我和门野也详细问过下坂一夫了。可是，不管我们怎么问，他都一口咬定那篇小说是他想象的产物，场景巧合也纯属偶然。科长，小说的情节另当别论，只有场景描写与某一实地的景色偶然巧合，这种情况有可能吗？"

越智警部补知道香春科长非常喜欢小说，所以才问了这么一个问题。

"虚构的场景和实际的景色偶然相似的情况有很多。可现在不仅仅是户仓附近的模样，连被害人家中的老樟树、柏树树篱的样子都一模一样，这样的偶然巧合是不可能的。还有，文中的B市很明显就是芝田市。古城遗址中的市立图书馆、博物馆，遗址前的市政府、警署、地方检察厅分部、地方法院分院以及那座山的描述，'群山西面的山峰略高，形成一道陡峭的山坡，垂直俯冲向山谷'，这分明就是户仓后面的妙见岳嘛。他的想象竟能和实际情况相似到如此地步，这是无法理解的。"香春科长迅速从抽屉里取出杂志，边翻相关部分边说。

"是，我们也是这样想的，所以反复询问下坂一夫。可他一直强调，这一切都是他想象的产物。"

"想象力？那个寻找柴犬的男人也是他想象出来的？"

这一点将决定现在处于审判阶段的这个案子能否翻案。

"是的。他说这一点也是。"越智警部补无奈地说。

"下坂一夫在回答这些问题时态度怎么样？"

香春科长心中开始焦躁起来，就好像他正站在审讯室外面，得知里面的审讯毫无进展。

"他丝毫没有惊慌的样子。我们留神观察了他的眼神、脸色和举止，他一直显得十分镇静。他一再强调那篇小说中的内容完全是他想象的产物，完全是虚构的。再加上他有完美的不在场证明，我们也没法再进一步追问下去，甚至不能把他当作知情人来对待。最近社会上对人权问题十分敏感，我们询问时也很注意，避免审讯口吻。另外，我们在他家里见到了他夫人，好像马上要生孩子了。"

听着越智警部补的声音，香春科长的脑海中浮现出两个出差在外的侦查员一筹莫展的形象。

"下坂一夫在当地的名声如何？"

香春科长为了调整越智警部补的情绪，改变了话题。

"在这边喜欢文学的人中间，他的评价很高。因为他的作品得到了文坛中心批评家的高度赏识，同时还刊载在知名文学杂志上。据说在我们来这里的三天前，当地文人还给他举办了一次祝贺旅游，我们这些跟文学无缘的外行简直无法理解。听说他们包了两辆巴士，从这儿去东边的海滩兜了一圈。途中下车吃便当，为下坂一夫干杯。刚才提到过的那个古贺吾市电话里说得可起劲儿了，那口气就像是为了祝贺他自己似的。下坂一夫在当地玩文学的圈子里还小有名气呢。"

最后，香春科长让越智警部补在福冈再待几天，不动声色地再调查一下下坂一夫的有关情况，说自己也会跟他们联系，随即挂断了电话。

香春科长这边的侦查也在紧锣密鼓地进行着。

警方以芝田市户仓的被害人山根末子家为中心，在其附近寻找"养柴犬的男子"。从小说来看，小狗的主人应该就住在离山根末子家不远的地方，因为那只小狗逃出来能跑到山根末子家。

经过一天的搜查发现，小狗的主人确实住在户仓，是个叫末田三郎的二十八岁单身青年，住在被害人家西北面不到一公里处。他是芝田市某建筑公司的事务员。据他公司里的人说，自去年十月初以来，他就自称身体不好经常请假。二十八日的案发当天，他去上班了，但二十九日、三十日都没去上班。他的邻居证明他确实养过一条淡棕色的柴犬。

"这么说我想起来了，那时他确实说过养的小狗跑掉了，还见他在附近一带找。后来似乎找回来了，早晨看到他带着狗出来散步。那是条母狗，叫'皮克'，很可爱的。可是，末田这个人怎么说呢？总有些阴郁的样子，或许是单身一人的缘故吧，他和街坊四邻也不怎么来往，见了面也只是点一下头，不怎么说话。"末田的邻居对侦查员说。

从末田三郎工作的建筑公司提供的资料中的照片来看，他是个留着长头发、瘦瘦的青年。脸形较长，尖下巴，浅眉毛下长着一双大眼睛，还有一张阔嘴。

他的长相与下坂一夫的小说中描述的形象截然不同。

小说中写道：

> 四十出头的男子。眉毛下一对细长丹凤眼。薄薄的嘴唇。一张四角方方、颧骨突出的脸。后脑勺秃了一块，圆圆的头顶微弱地反着光。身穿着皮夹克。

不过，香春科长并没有产生什么疑问。因为这是作者有意"虚构"的。要写"寻找小狗的男子"，一个四十出头、后脑勺秃了一块、方脸、身体微胖、穿着皮夹克的男人，比一个瘦瘦的、留长发的青年更适合得多。这可能是作者为追求艺术效果而设计的吧。

"山根末子老是一个人闷在家里，也不怎么跟我们说话，所以我根本不知道她还照顾过一条迷路的小狗。虽是她邻居，可我们中间还隔着老大一片田地。再说，她家院子又围着柏树树篱，里边有什么情况，外边根本看不到。所以我们也没发现有那么一个年轻人找狗找到她家去了。"第二次侦查时，山根末子的邻居如此说。

今年三月初，也就是山根末子被杀的四个多月后，末田三郎搬走了。

"二月底的时候，末田突然提出不上班了，说是身体不好，要搬到山里去。那家伙本就是个懒货，经常请假，他自己提出来要走我们正巴不得呢。当时我们立刻同意他辞职，给了他相当于一个月工资的退职金。他平时似乎也没钱的样子。"这是建筑公司的说辞。

末田三郎辞职后的去向很快就查清了，从替他运送行李的货运公司了解到，他搬到濑户内海对面的尾道市去了。

但是，末田三郎已在今年七月中旬死了。死因是交通事故。他搬家后去了一家造船厂打杂。一个下雨天，他正走在路上时被一辆打滑的汽车撞倒，在送往医院的途中就断了气。他的尸检报告也到了香春科长的手上。

尾道警署寄来的尸检报告说末田的血型为O型。

是O型血的话，就与山根末子体内检出的精液的血型不符。因为那是A型，而现在，作为被告站在法庭上的铃木延次郎，就是A型血。

这样一来，可见铃木延次郎在警署内的前几次口供，以及在法庭上的供述都是正确的，即铃木承认用柔道的技法致使山根末子昏迷并对她实施强奸，但没有将山根末子勒死的供词是事实。同时也说明香春银作搜查一科科长的推论是正确的，即铃木逃走后，末田三郎也进入了山根末子家，遭到醒来的被害人的辱骂，于是将她勒死逃走。

并且，末田三郎的尸检报告中还可以找到一处证明他犯罪的证据。在他的右膝关节下部有骨折治疗的痕迹，而且骨折的后遗症还很严重，已造成轻微的行走障碍。

这也与山根末子的邻居村田友子主妇的证言相一致：

> 那脚步声噼啪噼啪的，是光着脚走在被雨淋湿的路

面上的声音。并且，从脚步声中可以听出，那人的一条腿像是拖在地上的。

为了与这一点吻合，铃木延次郎在警署的第五次口供开始供述，他从山根末子家逃走时，从窗口跳到檐廊上时扭了脚，走路时变得一瘸一拐了。

而成濑辩护人在《辩论要点》中也指出：

> 同样，证言中还有这样的说法："从脚步声中可以听出，那人的一条腿像是拖在地上的。"所以警察让当时还是犯罪嫌疑人的被告说在逃跑时扭了脚这样的供词。从被告称第二天脚就好了的说法上，就可看出所谓的崴脚完全是编造出来的。因为警察考虑到如果照一下Ｘ光，就会发现崴脚的事纯属子虚乌有。

成濑辩护人的这种说法让人不得不服。香春科长虽然并未细问，但很明显，越智警部补或芝田警署的门野巡查部长，一定在审讯中采取了过分的手段。

香春科长拿着这份尸检报告去总部长办公室。

"我这就去见星加审判长和山口检察官。"总部长看完木田二郎的尸检报告，听了香春科长的汇报后说。

"现在针对铃木延次郎的公审暂停了，但遗憾的是真正的嫌疑人末田三郎在交通事故中死去。由于末田三郎已亡，要判定铃木延次郎在勒死山根末子这一点上无罪，恐怕就不会那么容易。如果末田三郎还活着并招供真相的话，事情就简单了。不管怎说，铃木毕竟在警署里承认过自己杀死了山根末子。"总部长紧锁着双眉说。

香春科长理解总部长脸色阴沉的含义。被告即使后来翻案，自己承认过的事实要获得无罪的审判也将会困难重重。有些犯罪嫌疑人在警署内轻易地作虚假口供——当然，审讯方对此有着不可推卸的责任——而这样的口供可能会在日后成为意想不到的枷锁，给自己带来极大的痛苦。

战后的《刑事诉讼法》规定，如果没有物证，仅凭犯罪嫌疑人的口供是不能判处有罪的。但在实际操作中，常常只要其一就可以定罪。因为警察和检方会根据口供内容，添加许多貌似"物证"或"状况证据"一类的东西。这些"物证"是否属于"创作"范畴，到审判阶段，审判长就更难加以判别。一句虚假的口供往往会被警察和检方覆盖上一层复杂的隔膜。从被告要求再审而又被驳回的事例来看，其中大部分的被告都曾作过虚假口供。可见，战后尊重人权的审判制度还依然是形同虚设。

本案中，铃木延次郎也曾承认自己勒死了被害人。并且被认为是真凶的嫌疑人已经死亡，也就无法从他的口中问明真相。总部长表情忧郁的原因就在于此。

一个小时过后，总部长从地方法院和地方检察院回来了。这两个地方离县警总部所在的县厅都很近。香春科长被叫到了总部长办公室。

"星加审判长说先将下次公审延期一段时间，但也不能拖太久，得有时间限度。他要求我们在这个期限内重新侦查出个眉目，同时与检察官保持良好沟通。"总部长沉重的表情依然没有改变。

"检察官是怎么说的？"

"山口检察官听了我的陈述后说'真难办啊'。山口是个十分温和的人，他的表情看起来似乎确实很为难。他觉得也只能按照星加审判长的意见，先将公审延期一段时间，但他希望我们在此期限内尽快完成重新侦查的工作。"

检察官虽然温和，但这只是他个人的性格，不代表整个检察系统的性格。在检察厅，"检察一体的原则"就是不成文的规定，所以任何案子都不能由检察官一人来定夺。到起诉阶段的案件，其检察方针是经过当地检察院的主任检察官、副首席检察官、首席检察官的逐级审核，最终达成共识后制定的。到了二审、三审，这条直线还将向上延伸至检察长、检察总长。

17

东京《文艺界》杂志编辑部保存的同人杂志《海峡文学》终于到了香春银作的手里。香春科长原本请求编辑部寄来借阅，《文艺界》编辑部觉得这本同人杂志对他们来说留着也没用，所以附了一张纸条，表示是赠阅。反正要处理给废品收购店，所以干脆赠送给香春科长也无妨。该同人杂志评论的前言中说，他们每个月都会收到上百本同人杂志。

香春科长将《海峡文学》中下坂一夫的小说《野草》复印下来，分发给所有相关的侦查员。

仅看同人杂志的引用部分就很清楚，小说《野草》中，在与芝田市户仓被害人家附近一模一样的风景中转悠的，是一个叫金井的画家。

小说中这样写道：

> 群山西面的山峰略高，形成一道陡峭的山坡，垂直俯冲向山谷。金井投宿的旅馆就在它的山脚下。

小说中写的就是芝田市，并且就在靠近户仓很近的芝田市的西面。

香春科长判定了两个全新的搜查方向。这一次的搜查工作仍然由当地芝田警署和县警署联合侦查。

其中一个工作方向就是对市内九个旅馆进行询问排查。调查结果是，在去年十月二十八日（夜）山根末子被杀案之前的二十天左右投宿的客人中，没有姓金井的旅客，也没有职业为画家的客人。

不过，有些旅馆为了逃税，有时不让客人填写住宿登记簿。侦查员考虑到旅馆的这种避税手法，向旅馆表明此次调查与税务所毫无关系。最终，对方给予了全力配合，但结果还是没找到那个画家。

然而，这个结果也早在预料之中。

因为毕竟是小说，金井这个姓只是作者取的，画家这个职业自然也是创造出来的。在小说中，"找狗的男子"是个后脑勺头发稀少、身体略微发福的中年男子，而现实中的末田三郎却是一个头发浓密、身材消瘦的二十八岁青年。

但这篇小说的作者一定去户仓实地观察过，这一点确切无疑，是无可动摇的事实。

当然，为了慎重起见，侦查员们也问了各个旅馆在入住的旅客中有没有一个叫下坂一夫的人。去福冈市出差见过下坂一夫的越智警部补打电话给旅馆，告诉他们下坂一夫的博多口音、年龄和相貌特征。

不过，这么做也仅仅是为慎重起见，一开始大家就没抱多大希望。不要说案发前二十天,就是去年及前年,下坂一夫都没有离开过九州半步。关于这一点,越智和门野通过当地调查,已经得到了证实。如果户仓的旅馆里出现下坂一夫,那倒成了惊天动地的事呢。

香春银作拿到《海峡文学》后,通读了《野草》的全文,的的确确感觉到,在文学水平上,小说中《文艺界》引用过的部分和其他部分有着天壤之别。《文艺界》的同人杂志评论栏目也有过评论:

> 同人杂志的小说中,有时会出现一两处特别出色的场景描写,就像一个个闪光点,吸引着我们这些评论者的眼球。如同阳光照耀下的河面,只有被照到的地方才会发出令人目眩的光彩。这是整部作品中令人瞩目的亮点,有时,这部分的水平甚至远远超过其他作品。一般来说,作者特别感兴趣的部分、特别希望倾诉表达的部分、一气呵成的部分,即所谓特别想"展示"的部分,都会写得比较好。于是作品中的其他部分,也会因该部分格外突出,而与之产生巨大的落差,甚至水平有时还不及亮点部分的一半。作为一个极为典型的实例,本月,我们选出《海峡文学》(秋季号*唐津市)中,下坂一夫所著的《野草》的部分内容。就其内容而言,该作品极为普通,甚至可以说尚未达到一般的水准。然而,其中有六页左右的文字却十分出色。

就算不看这段评论,在读了刊载在《海峡文学》上的《野草》全文之后，也会产生与评论相同的感受。

"因该部分格外突出，而与之产生巨大的落差"，而这个"落差"也实在太大了。

并且，在通读全文后会发现，不仅文笔上有巨大落差，就连情节安排也是支离破碎。文笔特别好的那六页文字所表现的场面与其前后部分未能做到平滑过渡，给人的感觉好像是先写了那六页文字，前后的那些蹩脚文字是以此为中心添加上去的。

开头部分和结尾部分先不写，先将中间部分写好。有这样写小说的吗？

曾经的文学青年香春银作断定，这六页文字不是下坂一夫自己写的，而是借用了他人的文字。

看来小说这种东西还是要全部读完才能下结论。

那么，现在的问题是，那六页文字是谁写的呢？

说不定这些文字并不是出于文学青年之手，而是专业作家。

下坂一夫对越智和门野坚持说整篇小说都是他写的，其中的场景描写也完全是他自己的想象，因此再追问也是徒劳。根据越智警部补的报告，由于作品被权威文学杂志刊登，并得到赞赏，下坂一夫在当地一夜走红，成了名人。可见不论在什么地方，搞文学的人的眼界都同样狭窄。在他们眼里，地球上似乎除了文学没有他物。一点点成就都被他们弄出惊天动地的巨响。作品只要上了文学杂志，就认为它是"纯文学"，恐怕再没有比这些人更单纯幼稚的人了吧。

因此，香春科长认为再怎么询问下坂一夫也是枉费口舌。他好不容易在当地文学爱好者中有点名气，如果他承认抄袭，就等于从高高的轿子上摔下来。

侦查员又对旅馆展开新一轮的调查。这次的重点是去年十月有没有来自东京或其他地方的专业作家来投宿。专业作家的名字一般都能知道，其中主要的作家还有照片资料。县厅的所在地有一家当地比较知名的报社，该报社的调查部等部门保存着各行各业中知名人物的照片，以备不时之需。警察与报社的关系比较好，因此从报社拿到了著名作家的照片复印件。

这次查询仅一天就有了结果。芝田市警署搜查科主任国广警部补向香春科长报告道："位于市内西端一个叫紫川庄的旅馆里，从去年十月八日起入住了一位东京小说家。一共住了十天左右。于十八日上午十一点钟退房离开。"

十月八日到十八日，从时间段来说正吻合。

"那位小说家叫什么？"

"小寺康司，我们给旅馆的人看了他的照片，他们立刻点头称就是此人。"

"什么？小寺康司来过？"

"科长，您知道他？"

"不，只闻其名而已。没怎么看过他的小说……"

"听紫川庄的女侍说，小寺康司是十月八日傍晚入住的，从第二天开始，每天早晨都去户仓那边散步。下午会睡觉、看书，或者去热闹地方逛逛，晚上则对着稿纸写作。不过好像写不出来的样子。但不管怎么说，《野草》上那六页内容肯定是他写的。因为听说他每天早晨都去户仓那儿散步。"

国广警部补为自己的收获感到兴奋不已。

"是吗？原来那部分文字是小寺康司写的啊……"

香春科长觉得解开了一个谜。不过他没想到那小说出自小寺康司之手。大家竟不知道这么有名的作家来过本地。当地的报纸也没有任何报道。小寺康司可能是为了写稿子，故意不事张扬，悄悄来的。

"科长，那段文字是小寺康司一贯的文体吗？"

"这个我不清楚啊。我也没怎么读过他的小说。"

"在紫川庄的来客登记簿上，小寺康司的住所是东京都大田区田园调布××番地，电话是……"

国广念了他记下的笔记，焦急地说："马上打电话向小寺康司问明情况吧？"

"那可不行啊。"

"啊？为什么？"

"因为他已经死了。报上登过他的讣告。好像是今年二三月份的事吧。"

"死了？"

国广的眼睛一下子就瞪大了，但很快，他的眼神立刻就失去了光彩。

被认定为真正杀害山根末子的凶手末田三郎死了。见过末田三郎的小寺康司也死了。

在户仓寡妇被杀案案发的十多天前，作家小寺康司在芝田市一个叫紫川庄的旅馆里逗留了十来天。据旅馆女侍说，他每天早晨都出去散步，因此香春科长也认为那六页文字的作者就是小寺康司。

"可是，这里面有点奇怪啊。小寺康司在芝田市的旅馆内写的东西，怎么会到远在九州唐津的一个叫下坂一夫的文学青年手里呢？那些文字小寺康司应该未发表吧？"

"估计是吧。"

"小寺康司是今年三月在东京死亡的。我心想他的死亡跟户仓会不会有什么关系，刚才特意去查了报纸，结果发现他是病死的，是心肌梗塞。"

"就是说你怀疑小寺康司与户仓的案子有关，他有可能是自杀？"

"是啊。可事实看来不是这么回事。"

"请等一下。趁你在这儿，给小寺康司的夫人打个电话问问情况吧。"

小寺康司夫人在电话里的声音好像只有二十多岁。

她与香春科长在电话里的一问一答是这样的：

"去年十月初，您先生在本县芝田市一个叫紫川庄的旅馆住了十天左右。旅馆的登记簿上有他的签名。请问夫人您知道这事吗？"

"嗯，我记得是有这事。他出去十天左右回来，说起过四国的情况。确实是芝田市。"

"当时，您先生有写稿子回来吗？"

"他外出旅行时，一般都会写稿子，可那次去四国时没写。他想写来着，可没写出来。从前年开始就写不出东西来，为此他感到很苦恼。"

"那么，他有没有写一点四国旅行的游记或随笔之类的呢？"

"也没写。"

"会不会发表在不怎么有名的杂志上,夫人您不知道呢?"

"不会的,我丈夫的稿子在交给出版社或报社之前,我总会看一遍。"

"顺便问一下,您先生和九州的唐津有什么关系吗?"

"唐津?"

"以生产陶瓷器出名的唐津,佐贺县的唐津市。"

"没有。没有关系。"

"唐津的文学青年出了一本名叫《海峡文学》的同人杂志,请问您先生和这本同人杂志有什么关系吗?"

"我们经常收到来自全国各地的同人杂志,但跟我丈夫都没什么关系。"

"您有没有听您先生说起过一个叫下坂一夫的年轻人?他是创办《海峡文学》的人,在唐津。"

"没有。从来没听说过……"

说到这里,小寺夫人的声音显得有些犹豫,像是想起了什么,语气发生了微妙的变化。

"嗯……"小寺夫人说,"您刚才提到的唐津在佐贺县,对吧?"

"是的。佐贺县唐津市。"

"我丈夫在今年的二月去了佐贺县,但不是唐津市,是个叫坊城的地方,在那里待了两个星期左右。"

"叫什么?您说佐贺县的坊城?"香春科长不由自主地提高了嗓门,"那个坊城,是不是作坊的坊,城池的城?"

"是的。"

《文艺界》编辑部寄来的《海峡文学》秋季号的最后一页

上，列着七个同仁的名字。香春科长记得其中有一个就住在"佐贺县坊城小镇"，名叫古贺吾市。之所以会记住这一条，是因为"坊城"这个地名有些与众不同。

并且，在与到福冈市出差的越智警部补进行电话联络时，也提到过下坂一夫的一个朋友名叫古贺吾市。越智警部补说，户仓杀人事件案发的当天晚上，下坂一夫正与同仁们在唐津市内他父亲家召开《海峡文学》的编辑会议。而出席此编辑会议的人中就有一人"叫古贺吾市，住在佐贺县坊城，是个渔船船员"。

"您先生在坊城小镇住的旅馆叫什么名字？如果您知道的话请告诉我。"

"嗯，我丈夫从九州回来后跟我说起过。那家旅馆的名字很普通，反倒很容易记住……叫千鸟旅馆。"

小寺夫人的声音中流露出一种怀念的语调。

18

　　香春科长的另一个新侦查方向是在户仓川中寻找证据。这条河位于被害人山根末子家以东一公里处，河流流向濑户内海，在这一带的河面宽度大约为五米。河上架着一座钢筋水泥桥，名叫户仓桥。

　　铃木延次郎在被害人的厨房里看到的铝碗，由于他改变了口供，因此在侦查的初期就没有把那只铝碗当回事儿。可自从发现末田三郎那条狗的事后，香春科长决定要对这只铝碗重新进行调查。户仓桥正处在末田三郎逃跑的路线上。如果末田在铃木之后进入被害人家，带着铝碗逃出来的话，那么他在户仓桥上将铝碗扔到河里去的可能性就极大。末田三郎为什么要带走那只铝碗？因为他怕那只铝碗让人看见后，自己养的狗逃到被害人家，被害人用铝碗给小狗吃饭的事就会被人发现，他的犯罪事实也会随之败露。

　　河里打捞的工作只一天就有了收获。

　　按人的心理来讲，往河里扔东西时，一般不会往上游扔，总是朝下游扔。侦查员们按照这思路下河打捞。然而,打捞了半天也没找到,估计是因为铝碗太轻,被河水冲走了。但在靠近岸边的河底淤泥中,发现了已成白骨的小狗尸体。从残留在腐肉上的皮毛来看,它曾是一条淡棕色的柴犬。

很明显,凶手末田三郎在行凶杀人之后杀死了自己的爱犬,并将其扔到了河里。

这是可以理解的。因为这条小狗喜欢被害人,不杀它,它还会跑到被害人家里去。人们会从小狗推测出杀害被害人的凶手。因此,曾经的爱犬现在成了瘟神。

在推定末田三郎的罪行后,警察们曾找过这条柴犬,可当时怎么也找不到。所以现在在河底找到它的尸骨时,大家并未感到意外。

发现这条柴犬遗骸,更加证明了末田三郎就是杀害被害人的凶手。

就在侦查员们对户仓川的河底打捞的同时,在福冈市待命的越智警部补和芝田警署的门野巡查部长,也根据香春科长给出的新指示,去了佐贺县坊城小镇的千鸟旅馆。

当时,这两位侦查员对下坂一夫的参考性询问没有任何进展,正感到一筹莫展。

下坂一夫不是户仓寡妇被害案的犯罪嫌疑人。他没有离开过九州,有绝对的不在场证明。对于一个非嫌疑人,参考性询问是有限度的。并且事实上,他们也没什么问题可问了。

两个侦查员现在处于对下坂一夫远观的状态。就像是监视,但又不能这么说,所以他们的心情也很复杂,这种状态与其说是监视,不如说旁观来得恰当。

下坂一夫在商业街上开陶瓷店的准备工作进展得似乎很顺利。随着产期的临近，他妻子的肚子也越来越大了。有时，他带着身穿花哨艳丽孕妇服的妻子离开公寓去逛商业街，有时去建筑事务所办手续，有时会与从唐津来的父亲去银行。

正因为这样，越智和门野很乐意去坊城小镇。

这个港口小镇位于突入玄界滩洋面的半岛前端，与濑户内海边那平静安详的港口不同，小镇透着几分狂野气息。在濑户内海，无论朝哪个方向，都能看到许多岛屿。而坊城小镇的洋面上没有像样的岛屿，有也只是一两个小岛。举目所至是无边无际的洋面和天空。每到傍晚时分，濑户内海总会有一段风平浪静的安详时光，而在坊城，有的只是从洋面刮来的凌厉寒风。

港口的构造和船只的形状也都与内海的不同。内海是沿岸渔业，而这里不仅经营沿岸渔业，同时还是远洋渔业的根据地。进出海港的渔船无一例外都很庞大。港口沿海湾而建，对岸石垣上建着成排的老房子。两个侦查员当然不会知道，此处昔日妓院的残影，也曾吸引过今年早春到这儿的小说家小寺康司。

"小寺先生从二月十三日开始，在我们的千鸟旅馆逗留了十天。"

中年男人边说边将越智和门野领到了大堂，名片上写着"江头止古"，经理头衔。大堂里开着暖气。

看他的脸，似乎还是掌柜的头衔更合适，即使系着领结，皮鞋擦得比两位警察脚上的亮得多，还彬彬有礼地走在红地毯上，也显不出经理的气场。大堂的中央摆着一个装有增氧泵的大鱼缸，缸中当地玄界滩的鱼种正在来回游动，看得人眼花缭乱。

经理庄吉看着登记簿说:"呃……记录上写住了十天,不过从十九日开始,他离开这儿到平户住了三天。他是在从平户回来的第二天,也就是二十三日退的房。"

"小寺先生在此住宿期间,有没有人来拜访过他?"

越智主要负责提问,门野在一旁记录。

"没有。我一直在前台,对访客状况很了解。如果有客人找他,我肯定会知道。"

"了解了。那么,小寺先生住在这里的时候,写过文章吗?"

"他每天都坐在桌子跟前,但好像没什么进展。这些都是听负责他住的锦之间的女侍说的。还听说他总写到一半就撕掉,写写停停。"

"那位负责的女侍在吗?"

"今年八月份辞职了。她来自一个叫多久的地方。"

"哦,这样。"

越智并没有留意这个问题,那也是在情理之中。他现在调查的是去年十月末发生在四国的杀人案,没理由过多关心今年八月辞职不干的一位当地女侍。

"小寺先生住在这里的期间,有没有一个叫下坂一夫的唐津人来访问过他?"

"没有。"经理不假思索地回答。他回答得太快了点,显得太草率。介于此,越智又详细问了一遍。

"是一个叫下坂一夫的文学青年,在办同人杂志。我想他会不会听说小寺康司这样处于文坛中心的中坚作家在这儿,于是千里迢迢从唐津赶来呢?"

"我不知道下坂一夫这个人。他也没来拜访过小寺先生。而且，小寺康司住在这里的事谁也不知道，这里的报纸也没报道过。"经理的佐贺腔渐渐浓了起来。

香春科长的推测中，连接小寺康司与下坂一夫的线索就此中断。越智和门野起初也相当有把握，能够将"六页稿纸"的谜题解开的，就是小寺先生今年二月去的坊城。而现在，他们的感觉就好像被人当头泼了一桶冷水。

以香春银作为首的侦查人员一直在追查下坂一夫小说的某一场景描写是否出自小寺康司的笔下，因为若此事得以证实，就可以排除如今以被告身份站在法庭上的铃木延次郎的"杀人嫌疑"。由于被认为是真正犯罪嫌疑人的末田三郎已死，"在案发前见过"末田三郎的小寺康司也死了，现在已无法从他们两人的口中了解到任何情况。因此，只有证实下坂一夫小说中的"目击场面"出自小寺康司的手稿，才能证明铃木延次郎罪名中的"杀人"一项不成立，这一点也得到了地方检察院的认可，是对"审讯过火"的反省。

除此之外没有别的用意。让下坂一夫承认"剽窃"了别人的文字，从而让他受到道德上的谴责，这不是"调查六页稿纸"的目的。

"请让我们见一见了解小寺康司住在这里时情况的女侍吧。负责的女侍不在了，别的女侍多少也会了解一点吧？"越智警部补对经理提出了要求。

庄吉经理接受了越智警部补的要求，将梅子和安子叫到了大堂。梅子长着粗犷的脸型，肩膀较宽。安子长着一张圆脸，矮矮胖胖的。女侍在两位警察面前显得有些紧张，于是越智开了几句玩笑，终于活跃了气氛。

"今年二月份，有一位东京小说家住过这里，对吧？"越智提问时没提信子。

"是的。是一位叫小寺康司的小说家。他离开不久，报上就报道了他去世的消息，当时很震惊。"年长一岁的梅子抢先答道。

"那人怎么样？他长得帅吗？"

梅子和安子互相对视，痴痴地笑了。

"这么说或许对死者不敬，可他那张脸确实不那么讨人喜欢。瘦瘦的脸颊，高高的鼻梁，老是紧皱着眉头，有点阴气沉沉的……"

"是吗？这说明他在写东西嘛。他有什么奇怪的地方吗？"

"他有点神经质，老是板着脸。"安子说。

"哦，这样的话，是不是叫人难以靠近啊？"

"刚开始时是这样，后来慢慢也习惯了。看到我们，他从不会笑一下。"

"小寺先生写稿子时，又是一副什么模样呢？"

"这个我不清楚。负责锦之间的是真野信子。"

"锦之间？哦，是小寺先生住的那个房间名吧。听说真野信子已经辞职了，那是什么时候的事？"

"今年八月份。"

"她现在在哪里呢？"

"好像去了大阪。不过一张明信片都没来过，不知道她的具体地址。"

"为什么会这样呢？你们一起在这里工作了很长时间，既然是朋友，好歹也该寄一张明信片过来嘛。"

"这里面倒是有缘故的。当时信子告诉老板娘，说她在大阪找到工作，要马上去上班。可七月份正是一年中旅馆最忙的时间，老板娘就对她说，这么忙的时候你走了这边不好办，要走至少等到秋天再走。可信子没听老板娘的话，一声不吭就走了人，弄得老板娘很生气。估计信子也知道老板娘发火了，所以不好意思给我们写信寄明信片吧。我们都住在店里，来了信老板娘肯定会知道。"

"哦，原来是这么回事啊。那我们联系一下信子家里人，他们肯定知道她在大阪的地址，我们去向他们打听好了……对了，你们有没有听信子说过，小寺先生在这里时一直在写稿子？"

"好像老是写不出来。小寺先生在淡季来这儿，估计也是看中这里清静，想在这里写出东西。可结果一张稿纸也没写出来，又回东京去了。"

"啊，一张也没写出来？"

"是的。他写了又撕，撕了又写的，十分辛苦。小寺先生那时候的脸色真的好可怕呢。是吧，安子？"

"没错，真是很可怕的。不过，小寺先生对信子倒是蛮好的。"

"那是自然，信子是负责他房间的女侍嘛。"

"不光是因为这个。信子很喜欢看小说，所以他们好像在聊小说。小寺先生还说，信子要是写小说，可能会成为像林芙美子那样的女作家，说得信子很不好意思呢。"

"信子她也写小说吗？"

"她好像常常写，但从不让我们知道。"

越智和门野对视了一眼。越智接下来的提问变得更加热切了。

"信子有没有帮小寺康司做过类似助手的活儿呢？譬如说给他誊写稿子什么的？"

"没有的事。小寺先生坐在桌子前时，从来不叫信子，信子也从来不进去打扰。"

"是吗？"越智和门野的眼中露出了失望的神色。

"那种时候，小寺先生哪会喊女侍呀。他总是一个人哼哼唧唧地冥思苦想。我们走过锦之间外的走廊时，也总尽量放轻脚步。"

"这样啊……这么说，他最终还是一张稿纸都没写出来？"

"是的。一个星期左右什么也没写出来。后来，他说要散散心，就去平户住了三天。可回到这里后，还是什么都没写就回东京去了。"

"可是，总有些写了一半的稿子吧？"

"没有，一张都没有。小寺先生一觉得不满意了，就撕碎扔到废纸篓里。"

"那些撕碎的稿纸里，有没有两三张内容连贯的呢？"门野问道。

"没有。都只写了五六行不到。我们把这些废纸拿去烧澡堂水时都看过。"

"那么，那五六行文字写得怎么样？"

"看不出来。上面不仅被钢笔涂抹，而且都被撕得粉碎，完全读不了内容。"两位女侍一同回答道。

越智和门野感到十分失望。此时远处传来了渔船发动机的声音，那声音"砰、砰、砰"地一路远去。

可是，尽管失望，但也不能就这么回去。两人的耳边又响起了县警总部搜查一科香春科长的电话指示。

"不好意思，我想冒昧地打听一下。"越智喝干了茶杯里的茶水，眯缝起眼睛，笑嘻嘻地看着两个女侍，"信子有恋人吗？就是男朋友之类的。"

"恋人吗？"两个女侍的眼睛里也露出了笑意，"没有。她没有那种男人。"

"哦，能够说得这么确定？"

"那是，我们在这里同吃同睡的，谁要是有了男朋友，大家立刻就知道了。"

"可是，听说信子不是个很有魅力的女生吗？啊，不好意思，我并不是说你们没魅力。"越智并不放弃。

"不过，信子确实比我们漂亮，身材也很标致。"

"所以，不可能没有男人追求她吧？"

"是啊，因为是旅馆女侍，很多客人会找她说话，不过她从不理睬。"

"很古板吗？"

"这叫品行端正。我们也是这样的。"梅子笑道。

"你们知道一个叫下坂一夫的人吗？"

越智见总问不出个端倪，于是亮出最后一张王牌。

"不知道。"梅子和安子立刻摇头。越智也觉得她们两人确实都不知道。

"这个叫下坂的人是谁？"梅子倒来了好奇心。

"啊，我也只是临时想到，随便问问而已。没什么大的关系……不过，你们有没有听信子说起过这个名字？"

"没有。"

"哦，好吧。"

见越智和门野都低下头，梅子忙安慰道："那个叫下坂的人，该不是住在博多吧？"

"哎？是啊，是住在博多。"

越智和门野不由自主地瞪圆了眼睛，看着梅子那张见棱见角的方脸。

"要是住在博多的话，说不定就是那个人，就是给信子介绍在大阪的工作的那个人。"

"那人姓下坂？"

"姓什么我不知道，可信子说有人给她在大阪介绍了工作，离开这里前的一个月，一到休息日她就老往博多那边跑。"

"离开这里前的一个月，那是什么时候？"

"今年七月。"

"啊？"

这条路看来也走不通。下坂一夫从唐津搬进博多的公寓是九月中旬。这已经问过公寓的物业管理，并查过市政府里的居民登记，所以是确切无疑的。

"不是那个人吗？"梅子见越智一下子泄了气，同情地问。

"怎么说呢，我也不能确定。"越智含糊其词地支吾着。

一旁的门野问梅子："给真野信子在大阪介绍工作的那个住在博多的人，就算名字不知道，总知道他是做什么工作的吧？"

"这个我们也没听信子说起过。"

"可是，那人确实住在博多吧？"

"嗯，好像是的。"

"既然知道他住在博多，那他的职业，或者是做什么生意的，信子没给你们透露过吗？"

"信子对她自己的事情嘴巴可紧了。再说她像是执意要离开这里，所以更不肯多说了。"

"哦，是这样啊。那么，信子是怎么认识那个住在博多的人的？"

"这个我们也不清楚。以前信子休息时经常去博多玩，估计是在那边认识的吧？"

"你们这里的休息日是怎么安排的？"

"一个月休息四天。但我们三个住宾馆的女侍是轮休，因此不能一起出去玩。"

"信子休息的时候经常去唐津玩吗？"

"唐津？没有吧。从没听她说去唐津玩。"

"那么你们两人呢？"

"我们倒是经常去唐津，博多那边也去，可那儿比较远，所以还是去唐津的次数多。"

这时，梅子像是突然想起什么似的对安子说："对了，要了解信子的情况，可以问问渔业公司的古贺，说不定他会知道一些。那个人不出海时，不是经常找信子聊天吗？"

"啊，是啊。古贺对信子有意思，经常来讨好信子，问他比较合适。"

"这个古贺是谁？"

其实，在听她们两人交谈时，越智已经猜到了是古贺吾市，他是故意这么问的。这还是第一次听说古贺对信子有意思。

"他叫古贺吾市,是渔船船员。古贺也喜欢小说,所以常来这里与信子聊小说。我们两人对小说不感兴趣,所以不听他们的谈话。再说,古贺好像对信子有意思,我们也不想当电灯泡。"

越智回想起古贺吾市在电话中的声音。

去造访下坂一夫在博多的公寓时,曾问过他去年十月二十八日晚上(户仓寡妇被杀案案发的当晚)在哪里。下坂一夫说他在唐津市的父亲家里,与搞同人杂志的伙伴们开下一期的编辑会议。参加会议的成员中,有一位叫古贺吾市,住在坊城,在渔业公司工作。再问他为什么一年之前的事情记得这么清楚,他说原来打算在十月八日开编辑会议,可那一天碰巧是供日[1]。所以就改期到了二十天后的二十八日,所以记得很清楚。

于是,越智就从酒店打电话给坊城的渔业公司找古贺吾市询问。电话中,古贺吾市说的情况与下坂一夫完全一致。那时古贺吾市的话音,越智现在仍记得很清楚。

其实这样的确认原本就毫无意义,因为下坂一夫从没去过四国,在这三年中,他就没离开过九州。

可是,事态发生了些改变,现在已经无所谓下坂一夫是否离开过九州。侦查的角度已经转移到一个新方向。原本毫无意义的线索,现在看上去重新有了价值。

越智和门野向经理庄吉打听真野信子亲戚家的地址,因为她在多久那里已经没有父母兄妹了。出了千鸟旅馆,他们两人就直

---

[1] 长崎的供日是十月七日、八日、九日三天,坊城也以这三天为供日。"供日"是传统祭日,在坊城,人们会预备鱼、萝卜做的味增汤并配以佳酿招待客人。

奔渔业公司而去。事务所屋顶上到处是盘旋着的白色海鸥，冬天的洋面上波涛汹涌。

事务员查着出勤记录说，古贺吾市出海了，正在济州岛洋面捕鱼，要后天才会回来。

"我们利用这段时间先去信子在多久的亲戚家吧，去那里打听一下她在大阪的工作地点。"门野边走边对越智说。

"我也这么想。不过关于信子的去向，我总有一种不祥的预感。"

一艘渔船从他们身边"砰、砰、砰"地劈波斩浪而去。

"喂，收获怎么样啊？"岸边一个站在寒风中的男子向船上吆喝。

19

第二天,越智和门野到当地警署会见风纪处主任,并向他打听了千鸟旅馆的名声。

"那个旅馆没问题,客人也都是些正儿八经的人,不过他们对面那些旅馆和酒吧,总是麻烦不断。"

主任四十出头,头顶上的毛发已经开始稀疏。

"今年二月十三日,有一个从东京来的名叫小寺康司的客人,在那家旅馆住了十天左右。你们有听到什么关于他的传闻吗?"越智问。

在这警署里也能听到渔船发动机的响声。对面桌旁有一个女警正在埋头干活。

"没有,没听说什么传闻。那小寺康司是个什么人物?"

风纪处主任并不知道他是小说家,听越智介绍后说:"哦,还有这样一位小说家来住过?"

他对小说家这个职业不感兴趣,只问这个小说家是不是警察的侦查对象。

"不，他不是我们的侦查对象。因为今年三月份，他已经在东京去世了。不过，我们想打听一下小寺康司住在千鸟旅馆时的情况，以便为别的案子做参考，所以我们特地来问您。我们已经问过旅馆的经理和女侍了，可涉及旅馆内部的事情他们是不肯说的。"

"不过我们也没听到什么传闻。"

既然连小寺康司是一位小说家都不知道，那应该也不会听到他的传闻了。

"负责小寺先生房间的女侍也在八月份辞职离开了，如果她在的话或许还能了解一些情况。"

"哦，你是指信子吧？"主任的眼角堆起了皱纹，嘴角露出笑容，"原来是信子负责他的房间啊。她可是个讨人喜欢的女侍啊，走了真是可惜。旅馆的老板娘当时很生气，说她故意瞅准缺人手的时候走人。"

"听说信子在大阪找到工作，要去那里上班，是这样吧？"

"好像是这样，我也是听那里另外两个女侍说的。既然新工作定下来了，自然想早点过去。用人单位肯定也很着急。据说老板娘对她说，要走的话秋天再走。可如果这么一拖，可能不知会拖到猴年马月了，所以信子来了个不辞而别。从信子的角度来说，这也是迫不得已。"

至于小寺康司和信子之间究竟有什么关联，风纪处主任并没有向四国来的侦查员刨根问底。越智和门野也没有向风纪处主任讲明为何对信子的现状很关心。

"那个叫信子的姑娘在千鸟旅馆工作时，有相好的人吗？"

"这个，没听说过啊。"主任摇了摇头，随即笑道，"要是有这样的事情，一定会到处传开的。那个姑娘很正派，长得也讨人喜欢，有许多客人对她献殷勤，可她从来不理睬他们。信子还是个文化人呢。"

坐在桌子对面的女警抬起头朝这边看了一下。她大概三十出头的样子。

"文化人？"

"嗯，她懂得很多，读过很多书。"

他说的书大概是指小说吧。但是，越智没有提起下坂一夫的名字，因为他不想转移地方警察的注意力。

正当越智想要致谢告退时，刚才那位三十出头的女警察似乎看出他们要走，从桌子对面站起来走到主任的身边。

"主任，我不知道现在说这个是否合适，我似乎明白信子为什么不接受老板娘的挽留，执意要立刻离开千鸟旅馆。"

越智、门野与主任一同抬起头盯着女警察的眼睛。女警察面色红润的圆脸上，几丝皱纹已经爬上眼角。她羞涩地微笑着，犹豫不决。

"哦，说说看，有什么原因？"

"根据我的观察，信子那时好像已经怀孕了。"

"啊？怀孕？"风纪处主任大吃一惊，差点没蹦起来。

"喂，这可是真的？"

"我接触过不少怀孕的犯罪嫌疑人，不会看错的。我只是现在才说，她那时肚子看起来不太大，谁都没注意到，但应该已经怀孕四个月了。"

"四个月？"风纪处主任抱着手肘，低声叹气。

"由于工作关系，我时常要去千鸟旅馆。我是在信子辞职之前发现她怀孕的。但我假装不知道。后来听说信子离开旅馆,我一下就明白了。因为她如果再待下去,怀孕的事就会让人知道。信子是怕被老板娘和其他人发现,才急匆匆离开的。"

"这么说,信子有相好的男人?"主任一副上当受骗的表情,"那个男人会是谁呢?"

"这个就不知道了。"

"越智,会不会是那个叫小寺康司的小说家,住在千鸟旅馆时,与信子搭上了?"风纪处主任有些受刺激。

"既然她怀有四个月的身孕,那应该与小寺先生没关系。小寺先生是从二月十三日开始,在旅馆住了十天嘛。"

越智和门野对视了一眼,他们的心中有了新的发现。

国广搜查主任从芝田警署来到县警察总部,向香春科长报告情况。

"科长,今天上午,小寺康司的夫人从东京给我打了电话。"

香春科长的办公室位于五楼,从窗口望出去满眼都是树木。午后两点钟的阳光照耀在山顶城池的白墙和开往城池的车辆上,发出柔和的反光。城池的白墙只能看见一部分,白色的观光巴士在树叶的遮蔽下,沿着蜿蜒曲折的公路往上爬。这真是和煦的初冬之日。

"什么事?"

一般都是打电话汇报情况的,可国广主任却特地坐火车从芝田赶到县府。就算他还有别的事情,想必主要也是为了向科长汇报而来。

"小寺夫人说她昨天突然想起一件事，就在书信盒里找到了置办她丈夫丧事时的记录本。之前我们问过她，小寺康司是否认识一个住在佐贺县唐津市叫下坂一夫的人，她当时回答说没听说过，不过她丈夫倒是去过佐贺县一个叫坊城的小镇，在一家千鸟旅馆里住过一阵子。就是这件事，让她想起一封发自坊城电报局的唁电，但她不认识发报人，估计是一位热心读者发的。"

"有热心读者从坊城电报局发唁电？"

"她在放唁电和书信的盒子里找到了那封电报，所以打电话给我。就是这个。"

国广取出笔记本，上面记录有电报内容：

对先生的去世表示沉痛的悼念
　　　　　　　　　　　　MANO

"发这封电报的是佐贺坊城电报局，日期是今年三月三日下午两点至四点。"

"嗯。"

"小寺夫人在电话中说她丈夫去世的讣告登报后，收到了许多热心读者从全国各地发来的唁电或唁函，她当时认为这封电报也是其中之一。只是想起佐贺县坊城这个地名，所以才打电话给我。这个坊城的MANO会是谁？发报时间是三月三日下午两点以后，那么讣告应该是刊登在当天的晨报上。这封唁电的收件人和地址都是照讣告上刊登的写的。"

"MANO……？写成汉字的话，估计是'间野'或'真野'吧，会不会是小寺康司住的那家千鸟旅馆的老板？"香春科长低声嘟囔说。

"不，不是的。接到小寺夫人的电话后，我就给坊城旅馆工会打了电话，他们告诉我千鸟旅馆的老板名叫真崎友造。"国广答道。

香春和国广都被"热心读者"的想法先入为主，故而没往旅馆女侍身上想。

"拍电报时，电报单有留底，问一下坊城电报局就可以知道。不过在询问之前，我想还是先来向科长您汇报一下。"国广这么做，给足了香春科长面子。

"辛苦了。就按你说的做，问一下坊城邮政局就能知道发报者的地址和名字。现在就打电话问问吧。"

不到十分钟，佐贺县坊城小镇邮政局的电话就接通了。接电话的是一名女性，她听清委托，说了句"请稍等"就把电话放在了一边。过了大概三分钟，电话里传来了她的声音。

"从电报单上看，发报人是真野信子。真实的'真'，原野的'野'，'信'是信用的信。住址是本镇的千鸟旅馆。"

"什么？千鸟旅馆？"

听到香春科长这么反问，站在一旁的国广也不由自主地瞪大了眼睛。

"这个人我也认识，是千鸟旅馆的女侍。不过，现在已经辞职了。"

"她去哪里了？"

"这就不清楚了。我想，问一下千鸟旅馆应该会知道吧？"

"谢谢。"

香春科长将电话内容告诉了国广。

"那个真野是千鸟旅馆的女侍啊。说不定就是小寺康司住在那里时的负责女侍。"

香春科长对国广的推测也有同感。

"现在,我们这里的越智与你那边的门野就在坊城小镇调查下坂一夫的情况,他们应该会去千鸟旅馆,肯定也打听到了小寺康司的负责女侍真野信子的情况,我们就等他们的电话汇报吧。据说那个女侍已经离开千鸟旅馆了,估计他们两人正赶到她目前工作的地方,向她了解小寺康司的事情吧。"

当天晚上,越智打电话到香春科长的家里。

"我们现在在佐贺县多久的一家旅馆里。今天从坊城过来,我们已经了解到了很多情况。"

越智的声音有些迟疑,但并不是没有精神。

"我们了解到的情况与下坂一夫无关,所以很伤脑筋。千鸟旅馆方面说,小寺康司住在这里时,负责他房间的女侍是一个叫真野信子的女子。她今年二十四岁,多久市出生。据她旅馆的同伴说,那位女侍十分喜欢小说,她自己还偷偷地写。"

"什么?那个女侍写过小说?"

"是瞒着她同伴们写的。不过,她似乎没准备发表,也没向杂志投过稿。听说小寺康司好像也知道这一点,他曾半开玩笑地对她说,说不定她能成为林芙美子那样的女作家。"

"……"

"喂,听得见吗?"

"听得见。"

"真野信子的汉字是,真实的'真',原野的'野'……"

"信子是信用的'信',对吧?这个我知道了。"

"哎?您怎么会知道的?"越智十分惊讶。

"小寺夫人想起曾经有人从坊城邮政局发来唁电,就给芝田警署的国广打了电话,说是那个发电报的人叫'真野'。"

香春科长将与坊城邮政局电报部联系的情况也告诉了越智。

"听你这么一说,我越来越觉得真野信子是个奇怪的女子。她会给小寺康司家发唁电,说明小寺康司当时十分喜欢她。哦,不该说奇怪,是她太喜欢小说了。"

当听到越智在电话中说,小寺康司曾半开玩笑地称信子可能会成为林芙美子那样的女作家时,香春科长的脑海中就闪过了一个疑问:说不定小寺康司将未写完的那六张稿纸送给了信子?小寺康司拿林芙美子比喻信子,是觉得信子在旅馆里工作的境况和林芙美子有些相似,并不是因为看过信子写的东西让他有感而发。但小寺康司为了对信子的服务表示感谢,将自己写的稿子送给她也是完全有可能的。

接下来要了解的就是,这与下坂一夫是怎么联系起来的?

"真野信子今年八月离开了千鸟旅馆,说是一个博多人给她在大阪介绍了工作,她当时一走了之。据千鸟旅馆的经理和别的女侍说,信子没有恋人。坊城警署风纪处的主任也说信子的品行十分端正,没有任何流言蜚语。可就在我们准备离开的时候,一名女警过来说,信子那时已经怀孕四个月了。"

"呃?"

"女警说她接触过许多怀孕的嫌疑人,对自己的眼力十分自信。听到这一情况,对于信子执意离开千鸟旅馆,以及之后连一封信都没给同伴写的事,我们就不难理解了。"

"你的意思是，信子和下坂一夫有什么关系？"

"找不到线索啊，假如信子肚子里的孩子是下坂一夫的，事情倒是简单了，可就是没出现下坂一夫的线索。"

"……"

"科长，我有一个请求。多久是真野信子的出生地，但现在只有她亲戚居住在那里。她亲戚也没有她的音讯。听说她母亲住在大阪信子姐姐家，我们也打听到了地址。请您派人去那里调查一下信子的情况。"

20

第二天,越智和门野在佐贺县多久市的旅馆里等电话。上午十一点半时,四国A县县警总部的电话来了。

"刚刚接到大阪府警署的电话,他们从真野信子的母亲处了解到了一些情况,我这就给你们传达。"

电话里是香春科长的声音。接听电话的是越智,他早就做好了记录的准备。

"真野信子的母亲志乃与大女儿初子,即信子嫁到大阪的姐姐住在一起,地址是天王寺区小桥镇。与志乃和初子交谈后得知,她们不仅不知道信子去了大阪,直到户籍警去了解情况之前,她们还以为信子仍在坊城小镇的千鸟旅馆工作。当听说信子已于今年八月离开了千鸟旅馆,通过一个住在博多的人的介绍来到大阪工作时,她们母女俩都愣住了。据说,在近两年里,信子除了贺年卡就没给她们写过信,她们以为没有来信就说明信子平安,所以很放心。至于住在博多的介绍人以及信子在大阪的工作地点,她们一无所知。大阪府警署得到的要点就是这些。"

传达结束后,香春科长说:"像这样的母女、姐妹,现在可不少啊。"

"是啊。可是,就算在平时不怎么通信,既然到大阪去工作,信子不可能不去看看母亲和姐姐呀。我想,信子是不是出了什么事?"越智说。

"我已经委托大阪府警署,让他们叫信子的母亲提出寻人请求。有了这份寻人请求,我们寻找信子的尸体也方便一些。"香春科长回答说。

"这么说,信子被人杀害了?"

香春科长的话和越智推测的想法一致,因此越智听后并没有非常吃惊。

"估计是被人骗出去,然后被害的吧。信子只对千鸟旅馆的人说过要去大阪工作的事,这肯定是骗她出去的人教她那么说的。信子原本就在千鸟旅馆待不长了,她是被人教唆,事实上也必须走。坊城警署的女警不是说信子当时已经有四个月的身孕了吗?"

"是啊。"

"下坂一夫妻子的肚子,你看有几个月了?"

"马上快要生的样子。"

"信子如果活着的话,估计也快要生了吧。信子被害的原因可能就在于此。下坂一夫在两个女人中选择了现在的妻子。"

"……"

"估计小寺康司将那六页稿纸送给了信子,因为他觉得信子身上有与未出道的林芙美子一样的文学愿望。信子正是出于对这六页稿纸的感谢,在小寺康司去世后发去了唁电。"

信子趁小寺康司离开旅馆，偷偷抄了他的稿子，后来又将原稿撕碎后，在玄界滩的狂风中撒向大海。这样的事警员们无论如何也想象不到。

"信子将小寺康司给她的六页稿纸给了下坂一夫。下坂一夫将这部分文字安插到自己的小说中，然后发表在同人杂志上。这发生在小寺康司去世之后，也是信子被他杀害之后。但是，这不是他杀害信子的原因。真正的原因应该是，他的两个女人几乎在同一时间怀孕了。"香春科长用坚定的语气述说自己的推理。

"可是，怎么也找不到信子和下坂一夫之间的关联，看来是隐藏得非常好。我们这就去坊城找古贺吾市。听千鸟旅馆的女侍说，古贺吾市对信子有意思。凭他对信子的爱慕，应该觉察出了信子和下坂一夫之间的关系，只是他没往那处想而已。同古贺聊聊或许能引出些什么来。"

香春科长说了一句"有劳了"，挂断了电话。

站在多久站的站台上等待开往唐津的电车时，不远处有一座金字塔型的煤堆。煤矿只给人留下了关于埃及的联想，随后渐渐消失在脑海中。天空中低垂着铅灰色的浓云，冬日微弱的阳光从云间的裂缝中漏下来。站台的告示牌上写着一连串观光名胜，有多久圣庙、若宫八幡宫、天上登山口等，没有煤矿的名字。

在去唐津的一个小时里，电车都在低矮的山间穿行。越智和门野迷迷糊糊地睡了一路。他们住的旅馆昨天晚上有场宴会，吵吵闹闹，为此他们都没睡好。宴会上佐贺方言的声音奇大，语调也很激烈。早晨送早饭来的女侍十分同情他们，说其他县的人听两个佐贺人说话，会觉得他们像在吵架，大多受不了。

在唐津车站前，他们坐上了开往坊城的巴士。

"今天晚上我们就不住千鸟旅馆了。"门野低声对越智说。

越智表示同意。如果两次都住千鸟旅馆，未免会令旅馆方面生疑。再说，从那家旅馆里似乎也问不出什么来了。

四十分钟后，窗外的山间风景逐渐变成了海景，巴士到达了坊城。坊城寒风凛冽，风中飘荡着鱼腥味儿。商店门前摆着各色土产鱼干。卖乌贼鱼干的小店旁有一座公用电话亭。

门野给渔业公司打过电话后，笑嘻嘻地走到越智的身旁。

"对方说，古贺吾市的那艘渔船一小时前刚刚靠港，他现在应该在公司的单身宿舍里。单身宿舍就在渔业公司的旁边。"

两人单手提着旧旅行箱朝港口的方向走去，海潮的气息再次扑面而来。

"我们该怎么问古贺吾市？"越智边走边与门野商量。

"很难提问啊。如果表明信子有被害的可能，古贺吾市肯定会因震惊而三缄其口，这样就很难从他口中打听到下坂一夫的情况，因为他会觉得我们正把下坂一夫当作怀疑对象在调查。可是，如果不提信子，古贺就会不明白我们这些外地警察打电话询问他后，为什么还要上门来找他。"门野也觉得不太好办。

"是啊，很难开口。算了，还是找到古贺吾市后见机行事吧。"越智也没有什么好主意，他低着头默默朝前走，努力在脑中盘算。

古贺吾市揉着眼睛从单身宿舍的楼梯上走下来，他肤色黑黑的，身上穿着夹克衫和牛仔裤，好像是听到管理员说有客来访后才匆匆套上的。作业的渔船从济州岛海面捕鱼刚刚回来，他正在补觉。

古贺吾市看到面前站着的两个人，果然脸上显出吃惊的神色。虽然是第一次见面，但他好像感觉到，前一阵打电话向他确认"去年十月二十八日，下坂一夫在唐津市他父亲的家里召开《海峡文学》的编辑会议时，你是不是也在场"的四国警察就是他们两个。

越智和门野向古贺出示了警察证件。

"下坂出什么事了吗？"古贺想起了前一阵子的那通电话，急忙问。

"没，也没什么事，你不用担心。上次在电话里还有一些问题没有问到，所以我们想跟你当面谈一谈。"越智眯缝起眼睛，声音也是客客气气的，并为打扰对方休息表示歉意。

古贺吾市似乎放心了一点，用佐贺腔说他自己房间太脏乱了，不好意思请他们进去，邀请他们到公交车站附近的咖啡店里坐。他身上散发着阵阵鱼腥味儿。

咖啡店又小又暗。很凑巧，除了他们再没有别的客人。

"远赴济州岛海域捕鱼，可真是件豪情的事！"越智的眼中闪耀着好奇的光芒，笑称自己顶多在风平浪静的濑户内海里钓钓鱼之类。

他们又询问了古贺在济州岛洋面韩国巡逻艇的监视下如何冒险作业的情形，并打听了鱼的种类和捕捞量、玄界滩海面上巨浪的高度等。这样的一问一答的确缓和了气氛，但古贺似乎感觉到这只是为接下来重要的问题做铺垫。

"其实是这样的，"越智跟门野对视一眼后，切入了正题，

"下坂一夫惹上了一些麻烦。不过，我们出差可不是为了他的事，是另有侦查任务，上次电话聊过，不过我们还想向你了解一些情况，所以当面来找你了。"

"下坂出了什么问题？"古贺问。他的表情又恢复到之前看到警察证件时的紧张状态。

"剽窃问题。"

"剽窃？"古贺吾市似乎一时有些摸不着头脑。

"就是《文艺界》上转载并获得好评的下坂的小说《野草》。但刊登的部分与今年春天去世的作家小寺康司小说中的某一部分一模一样，有剽窃的嫌疑。"

古贺吾市听到这里，脸上顿时出现惊愕的表情。

"小寺康司的作品？"古贺吾市瞪大了眼睛看着越智的脸。

"是的。小寺康司的家人怀疑这篇文章涉嫌剽窃，向东京警视厅提出了调查申请。"

小寺康司的家人向东京警视厅提出了调查申请，为什么会由四国的警察接手，这一点古贺吾市并没多想。因为下坂一夫大获好评的作品竟然剽窃自小寺康司，这一信息本身已经对他造成了强烈的刺激。

"你知道小寺康司于今年二月份在千鸟旅馆住过十天吗？"越智问。

"我是他走后才知道的，当时并不知道。听说后心想，那么有名的小说家曾住过千鸟旅馆，早知道去拜访他一下多好啊。"

"小寺康司住千鸟旅馆的消息你是听谁说的？"

"是在千鸟旅馆工作的女侍信子告诉我的，不过信子现在已经离开那里了。"

古贺吾市完完全全不知道信子已经失踪，并很可能已经遇害的事。

"我们也去过千鸟旅馆，了解到信子就是小寺康司住宿时的负责女侍。"越智点了点头，继续说，"……那么，你有没有听下坂说，小寺康司住在千鸟旅馆期间，他去拜访过小寺之类的事呢？"

"没有，没听他说过。"

"也是啊，千鸟旅馆的人也说下坂没去过那里。不仅如此，那里的经理、女侍梅子和安子都不知道下坂一夫这个名字。他们应该根本没见过他吧？"

"下坂没来过坊城，当然不会去过千鸟旅馆。"

"可是，据小寺康司的家人说，下坂一夫写的《野草》中的部分文字，完全取自小寺康司的原稿。之所以这么说，是因为小寺康司在二月去九州旅行前，已经将写到一半的十页稿子左右的内容抄在笔记本上了。这就是证据。"

越智编了一段谎言。因为现在不这样说，就不能从古贺吾市的口中套出话。

"这真太出人意料了。"古贺吾市眨巴了几下眼睛，似乎一下子难以接受。

"小寺康司旅行时，没有带这本笔记本，但他记得那段文字，在九州旅行时，也确实写了出来。小寺康司回东京后，也与家人说起过他住在坊城千鸟旅馆的事。"

"那么，小寺先生在千鸟旅馆写的稿子怎么会流出去？"

古贺吾市始终没有忘记这个重要问题。如果说下坂一夫盗用了小寺康司的文章，那么那几张稿纸的去向就成了关键问题。毕竟他那些文字并没有正式发表过。

"不知道，这一点怎么也弄不明白。"

越智把胳膊肘支在铺着廉价桌布的咖啡桌上，双手抱头。门野抽着烟，眼睛半开半闭。

"小寺康司在千鸟旅馆里写的稿子去向不明。听梅子和安子说，小寺康司住在那里时没写成小说，写出的稿子他都不满意，全都撕了扔掉了。这样一来，如果下坂真像小寺先生的家人所说，剽窃了小寺康司的文章，那从逻辑上来说，就只有那些稿纸没被撕掉，并交到了下坂一夫的手里。"

"怎么会有这种事情呢？小寺先生跟下坂既没见过面又没说过话，下坂也没去过千鸟旅馆。小寺先生又是怎样将稿纸交给下坂的呢？"古贺吾市语气很激动。他的佐贺腔听起来确实像在跟人吵架。

"是啊，你说得对。我们也很头痛。"

"如果下坂有超人的法力，能够用'隔空取物'的手法拿到小寺先生的稿纸，那我也无话可说。"古贺吾市扯着不着边际的话，第一次笑了。

"嗯，是啊。用超人的法力'隔空取物'。"越智也附和着表示不可思议，但他心中暗想，下坂一夫用的"超人法力"就是真野信子，"隔空取物"全靠信子的暗中帮忙。

"可是，这些事情如果问一下负责小寺康司房间的女侍信子的话，应该多少能了解一些，对吧？"

"信子已经在今年八月离开那家旅馆去大阪了，在这儿也问不到她……不过，要是信子知道那些事，肯定会告诉我的，可我从来没听她说过。"

"你和信子的关系这么好？"越智立即追问。这是好不容易抓住的话头。

古贺吾市有些不好意思了，或许已经涨红了脸，但因为他的脸早被海风吹成了古铜色，所以看不出脸色的变化。

"只是比较谈得来吧。"古贺稍稍放低了声音，但语调中满含着喜悦的成分。

"是指小说之类的文学话题？"越智用闲聊的口吻说。

"嗯，差不多。信子读过不少小说呢。"

"本地书店里的文学杂志吗？"

"在我们这种小地方，书店里不会放什么文学杂志。信子好像是从镇上的图书出租店里借书读的。"

"那她喜欢什么样的作家呢？"

"她好像十分喜欢林芙美子，经常会提到她的《放浪记》。"

"也是啊，或许因为她自己的经历和林芙美子年轻时差不多吧。这么说来，你们办的同人杂志《海峡文学》的风格，信子可能不太喜欢吧？"

"倒也未必。"

"信子读过《海峡文学》吗？"

"我借给她过，但没听她谈过感想。不过比起《海峡文学》，她似乎对我们成员的事情更感兴趣。"

"那她对哪位最感兴趣呢？"

"说到下坂时，信子好像就很感兴趣的样子。"

"哦，她对下坂感兴趣？"

每当有公交车到站或开出，咖啡店门口都会传来汽车的引擎声和人群的嘈杂声。

"不过，并不是因为信子认识下坂而对他感兴趣，他们从来没见过面。下坂相当于《海峡文学》的顶梁柱，所以谁都想了解他吧。"

古贺吾市这么说，似乎在纠正眼前这两位从四国来的警察要将信子和下坂联系在一起的偏见。

"是啊，那是自然。那么，你都跟信子说了些什么有关下坂的事呢？"

"怎么说呢，人总是对别人的私生活感兴趣嘛。我就说了下坂常常去唐津和博多逛酒吧的事，信子听得很起劲。"

信子真正在意的是下坂到博多去逛酒吧，而不是对他的私生活感到好奇。她只能找古贺打听下坂平时的行踪，不动声色地从古贺嘴里了解一些下坂的信息。所以信子非常欢迎古贺吾市到千鸟旅馆玩，这反倒让古贺吾市产生了信子喜欢自己的错觉。

"下坂在博多酒吧认识的女招待，就是他现在的妻子吧？"

"是的，她叫景子。"

越智的眼前浮现出景子身穿艳丽孕妇服的模样。她身上透着现代的都市气息，看上去是个很好强的女人。她说她从东京来。

"你有没有跟信子讲，下坂喜欢博多酒吧里的女人？"

"没有。我怎么会说这话呢？虽说涉及私生活的事情大家比较感兴趣，但我也不能说有关女人的事。这是对朋友仁义。"古贺加强了语气。

然而，这位渔船船员又苦恼地嘟囔道："可是，下坂惹上了剽窃的麻烦事，真是伤脑筋啊。当然了，这肯定是误解，要不就是有人故意找碴儿。可在事情弄清楚之前，下坂肯定要吃亏……警察先生，这场剽窃风波会越闹越大吗？会不会登上周刊杂志，搞得满城风雨？"

"这个嘛，就目前来说还不至于。但一旦闹僵，就不好说了。"

"在真相大白之前，谣言总是会耸人听闻的。真糟糕。下坂的人气刚刚在福冈地区高涨起来，被人这么一搅和，会不会一落千丈啊？他现在可是当地的名人，给他带来声望的就是作品《野草》。要是说其中最精彩的部分是剽窃的，肯定会掀起轩然大波。当初为了向下坂表示祝贺，筑紫文化人联盟会会长还主持了从针江到钟崎的海边巴士一日游。是不是因为这件事太惹眼了？"古贺吾市一个劲地在为下坂一夫的名声担心。

"针江？"越智觉得这个地名好像以前听说过。

"嗯，在博多东面，是伸入玄界滩的半岛海岸。对了，上次我在电话里不是说过？为祝贺下坂，我们租了两辆巴士开到东海岸举办了游乐活动。在海边吃便当，还喝清酒为他干杯。我们当时就是在那片海岸，针江就是海岸上的小渔镇。"

门外又有公交车靠站了，传来了阵阵急促的喇叭声。

针江。

越智终于想起他是在哪里，又是听谁说的了。

他看了一眼身旁的门野，门野似乎也想起来了。

"下坂妻子的姨妈和姨夫家，就在针江，对吧？"越智对门野说。

"哦，你们了解得真仔细啊。"古贺瞪大了眼睛，好像有些吃惊。

"我们去博多下坂的公寓时，听他夫人说的。"

越智想起了当时的对话：

"夫人说的是标准东京腔嘛，您是东京人吗？"

"是啊，我是从东京来的。我姨妈住在这边东海岸一个叫针江的小镇上。"

"啊，这样啊。"

"的确是这样的。景子的姨妈家就在针江，景子去博多前，一直住在她姨妈家。"古贺吾市说。

"这么说，巴士到针江的海边兜圈子，正是下坂的主意？因为他妻子的姨妈住在那里，对吧？"越智不假思索地问。

"不，这倒不是。坐巴士到海边去游玩是筑紫文化人联盟会会长提议的。下坂好像很不情愿参加那次活动。但毕竟是为祝贺他才办的，尽管他不太情愿，还是不得不去。"

"哎？为什么？他为什么不情愿去？"

"不知道为什么。他好像不太愿意到针江那边去。巴士路过针江时，从车窗处可以看到织幡神社的屋顶，景子的姨夫就在那所神社当神主。后来巴士回到博多，我到下坂的公寓去坐了一会儿。聊到这件事时，景子就埋怨他为什么不顺道去姨妈家看看。"

估计古贺的脑海中还保留着这样的记忆：

"老公，你有没有顺路去姨妈姨夫家看看呀？"

"没，没有时间。巴士只是经过一下而已。"

那时，景子不满的眼神，估计也同时深深印在古贺的脑海之中吧。

"下坂为什么不愿意去针江？"越智紧盯着古贺吾市的脸追问。

"这个我也不太清楚。可能是下坂不喜欢那里，他一路上心情都不太好。"

"那游乐活动可是为他举办的啊。"

"是啊。可我总觉得他有些焦躁不安。譬如说那天，半路上大家下车，在一个看得见大海、风景壮丽的地方吃午饭。这时跑来了一条狗，在大家周围晃来晃去。当时，下坂突然捡起石块砸了那条狗。"

"狗？"

"嗯，是一条小狗。我觉得何必要那样对待一条小狗呢？可下坂看到那条小狗一瘸一拐地逃跑后，仍不罢休，还向它扔石块。那时，他可真有点古怪啊。"

"那是条什么狗？"

"是一条柴犬。"

"什么？柴犬？"越智和门野两人不禁互相对视。

"是一条浅棕色的小狗，估计是附近人家养的吧。不过在下坂扔中它前，它的右前脚就已经瘸了，走路时向上抬起，好像是受了伤……对了，小狗没有朝针江镇上跑，而是沿着通向山后的小路跑走的。看来应该是山后的村里人养的吧。"

门外好像又有公交车出站，喇叭嘀嘀地叫着。

21

"柴犬？"

当听到越智从坊城邮政局打来的电话中提到柴犬两字时，香春银作吃了一惊。

可是，这与户仓凶杀案中出现的柴犬没有关系。一条是九州的狗，另一条是四国的狗。户仓凶杀案的凶手末田三郎的爱犬，已经从河底被打捞上来，当时只剩一堆尸骨。

不过，出现在福冈县针江和钟崎之间海边的小狗和它一样，也是淡棕色的柴犬。

淡棕色的柴犬在全国范围内估计有几十万条吧？无论在什么地方出现都很正常。不正常的是，下坂一夫用石块扔柴犬的异常举动。下坂一夫当时非常焦躁难耐。到底是什么刺激了他的神经？是柴犬吗？

下坂一夫不愿意去针江。他妻子的姨妈家就在那边，即使妻子恳求他去，他也不肯顺道去看一下。

这是为什么？下坂为什么讨厌去针江呢？柴犬刺激到他的神

经，也是因为他被迫到他讨厌的地方心情不好所致？巴士游是为祝贺他而组织的，因此他不能拒绝，这对他来说成了强制性的活动。不过，如果要去别的地方，说不定他就会兴高采烈地参加。因为不管怎么说，他是这次祝贺活动的主角嘛。

"下坂一夫是在今年九月结的婚吧？"香春科长在电话里向越智确认。

"是的……因为对方已经有了，才跟她结的婚。"

真野信子说到大阪工作结果不见了踪影是八月份的事。

"越智，你们这就离开坊城，今晚住福冈，明天好去针江。"

"是。"

"你们到针江去见见下坂妻子的姨妈姨夫，打听一下下坂夫妇结婚后到底有没有去过他们家。对了，景子的姨夫是什么职业？渔业还是农业？"

"据说是织幡神社的神主。"

"神官啊。那他一定会说真话吧。"

"我们去见神主了解情况，然后呢？"

"听了你们的汇报我再安排。估计你们要到明天中午才会打电话过来吧，我会在这之前考虑好你与门野下一步的行动。"

"明白了。"

"你们的身体还吃得消吧？"

"没问题啊。"

越智精力充沛地笑着挂断了电话。

下坂一夫到底为什么不愿意去针江？他好像也没有跟他夫人的姨妈姨夫吵过架。这到底是为什么？

"麻烦你到图书室借一本福冈县的地图。"香春科长对身边的科员说。

科员将地图拿来，在香春科长面前桌面上摊开。

由于听了越智的说明，香春科长大致了解了针江的位置，所以很快就找到了。那一带位于福冈市的东北角，地形上突入大海。海岸中部有两个岛屿，大的叫大岛，小的叫地之岛。正对岛屿的海角就是钟崎。以此为界，往西是玄界滩，往东则是响滩。

手指从钟崎这个地名稍稍往东移，就是针江。香春科长注视着地图上的这一小部分，那次为祝贺下坂一夫的旅行时的午餐，就是在这两个地点中间吃的。

这一条海岸线由南面的山体延伸而出，山体中间的山峰有五百来米高。海岸线旁有一条公路。看来巴士一日游就是在这一带中途下车吃午饭的。那条柴犬也出现在那里。

可是，古贺吾市说那条小狗被下坂一夫扔中后，既没往钟崎方向逃，也没逃往针江，而是逃向海岸相反方向的山里。在山的南面确实有个小村落。这么说来，那条小狗是从那个小村落跑到海岸边来玩的？

福冈与北九州间的鹿儿岛铁路干线在这条海岸线及山丘的南面。3号国道与铁道线并行。

赤间车站前有一条路往北可直达钟崎，要到针江去，可以从赤间车站向东一站到海老津站，海老津站前有一条路向北延伸至针江。这两条路的延长线就是海岸边的那条路。

然而，另有一条小路可以通往山中村落。

3号国道与鹿儿岛铁道线并行，在铁道钻入隧道的地方与铁道岔开，通往那条小路。

越智和门野在博多住了一宿，第二天早晨八点，他们叫了一辆出租车直奔针江。出租车司机不知道他们两人是警察，但从他们的口音很容易能听出是从其他县来的，四国方言颇为抑扬顿挫，与关西方言很相似，于是他开上3号国道后，不时给他们介绍沿路的情况。

"这里是东乡。宗像神社就在这儿往北三公里处。"

"哦，是吗？就是《古事记》中记载的那个祭祀三柱女神的神社吧？"

越智与司机攀谈起来。他觉得总不能对别人太冷淡，因为接下来说不定还会麻烦人家呢。

门野摊开地图，每经过一个路口，他都在地图上仔细做一个记号。

过了赤间后，国道成了上坡路。周围全是山，树叶凋零，野草和芒草已经发黄。

"司机师傅，那座山好高啊，叫什么名字来着？"

越智用手指了指左边的车窗。远处的丘陵处有一座凸起的山峰，山顶呈三角形。

"那个叫桥仓山，是这一带最高的山峰。"司机瞟了一下左侧车窗说。

"那座山后面就是大海了吧？"

"是啊，是响滩。从我们刚刚经过的赤间往北走就是钟崎。那里夏天是海水浴场，到了秋天是个钓鱼的好去处。"

"哦，从刚才经过的小镇可以到钟崎。这么说，从钟崎到针江的那段海岸路线，也在高山的后面？"

"是的。当然了,从赤间到钟崎绕一下也能到针江,但从海老津车站走国道过去比较好走。"

"从钟崎到针江的海岸公路路况不好?"

"不是,那里的路才铺过,好着呢。但比较窄,又弯弯曲曲的,开起来比较费时间。不过,路边大海的风景很好。从针江回钟崎的时候,你们可以走那条道试试。"

"也是啊,看情况。"

那段沿海公路正是载着下坂一夫的巴士经过的公路,还是途中他们下车吃午饭的休息地,所以有必要实地观察一下。

"从这里往前就是国道的坡顶,正好从海老津隧道的上面通过。"

司机在作这番说明的时候,越智的目光一直落在左边车窗的外面。

"司机师傅,从这里有路通往山里吧?"

"哦,那是条山间小路,通往菅原。"

出租车并未降速,那条小路的路口一眨眼就落到后面去了。

"原来叫菅原。那里大概有多少户人家?"

"小村落嘛,大概也就四五十户人家吧,都是种地的。最近好像在种橘子。"

翻过一座不高的小山丘就到了海老津。车站在右边的高地上。出租车从这儿开出了国道,驶入右边的县道,与隧道擦肩而过。县道的入口处立着一座鸟居,出租车从鸟居下驶过。

"刚才那座鸟居是织幡神社的吗?"

"不太清楚,或许是吧。"

司机对宫地神社和宗像神社比较熟悉,但好像对织幡神社不太了解。

过了二十分钟左右,他们到了针江。一过松树林,眼前枯槁的田野顿时变成了一望无际的大海。响滩上海水的颜色很深,蓝得发黑。天空万里无云,阵阵狂风激起惊涛骇浪。海边的防波堤上不时溅起白色的浪花。停止作业的渔船都停靠在港湾中。道路边是成排的民居,为了抵御寒风,家家户户几乎都关着门。

"哦,那就是织幡神社啊。这一带我们也不常来啊。"

出租车司机说着抬头望着棕色屋顶。长满松树的山坡上露出了一个屋顶,屋脊上耸立着交叉的长木。越智和门野开始沿着陡峭的旧石阶往上爬。

走进神社的院子内,四下静悄悄的,空无一人。透过林间的缝隙可以望见下面的大海。神社的建筑古色古香,一旁有一家社务所,也显得陈旧不堪。神社的大门紧锁着。

"劳烦你们千里迢迢到社务所,真是过意不去啊。"一所高中的会客室里,织幡神社的神官低头对客人寒暄着。神官在这所高中教授语文。越智和门野刚才下了石阶,在拐角处的一户人家打听到了这个消息,于是就找到了这里。他们两人各自递上了印有头衔的名片。

两位四国来的警察费了很大的劲儿向景子的姨夫说明,他们到这儿来不是调查与下坂一夫夫妇有关的案子的,是为了另件案子的人证物证,来了解一些情况做参考。这种借口似乎是侦查员的惯用伎俩。

"下坂跟景子结婚后,一次也没来过我家。"

这个五十出头的男人,皮肤黑黑的,这使得他头上的白色短发看起来更白了。回答时，他虽然露出了微笑，但也没掩饰住他不太愉快的神情。

"这是为什么呢？"越智见他一点也没有要庇护他外甥女婿的意思，就毫无顾虑地问。

"不清楚。年轻人也许觉得到我们这种老夫老妻的家里来玩没什么意思吧？"

"不过，这是礼节呀。按礼节，下坂怎么说也得来呀。"

"景子跟下坂交往时就没跟我们商量。既然他们两个人要好，景子又怀孕了，总该跟我们交代一声吧。不过，我们还是照顾到应有的礼仪，赶到唐津去参加他们的婚礼。"

"景子也不愿意到你们家里来？"

"不，她应该没这么不情愿。可是，如今她挺着个大肚子，就是想来一个人也来不了。"

"十一月初，下坂跟博多的文学爱好者一起坐巴士经过针江海岸。那时，他顺道过来看望你们了吗？"

"这事还是后来景子写信给我们才知道的。景子在信中写了没来的原因，可我夫人心中还是不舒服。当然了，也可能是女人的嫉妒心理吧。"

"嫉妒心理？这话又该怎么说？"

"下坂家在唐津开着一家很大的陶瓷店，也算是有钱人家。下坂靠家里资助，也打算在博多的繁华地段开一家分店，可谓是家道一派欣欣向荣。而我呢，只是一个贫穷的教师、乡下的神官而已。我夫人于是有点嫉妒下坂。"景子的姨夫苦笑道。

"或许下坂正为准备开店忙得不可开交吧。"

"景子也这么说。可博多到这里开车只要一个半小时，想来随时都能来。既然他们不愿意来，我们自然也不能勉强。只是我们要去博多，也不会到下坂家去。"很明显，姨夫的胸中憋着一股气。

"下坂以前也从没来过针江？"

"怎么可能没来过？在唐津他们的婚礼上，下坂的哥哥说'以前曾经和弟弟一夫去过一两次针江'，还说'两年前还和一夫经过针江'。"

根据香春科长的指示，越智与门野此行的目的就是为了确认下坂结婚后有没有来过针江。现在，访问的目的已经达到了。

越智表示感谢，从椅子上站起身。

"下坂有没有来过我家的事，对你们调查别的案子真那么有参考价值吗？"神官仍很疑惑，皱着眉头问。

"有参考价值啊。至于怎么有参考价值，由于牵涉到案件的内情，不能告诉您……还请您原谅。"越智低下头，重重地行了好几个礼。

下坂景子的姨夫将他们两人一直送到了高中的大门口。这位神官身体单薄，在凛冽的寒风中显得有些晃晃悠悠的。学校离渔民小镇只有一小段距离，在这里既能看见山，也能看见海。山脚直逼海岸，公路在山脚处拐了个弯，看不见了。

"去钟崎的路，就是那一条吧？"越智用手指着问。

"是啊。从这儿到钟崎大概有十五公里。一路上的海景十分壮观。"

景子的姨夫应该不知道，下坂一夫和古贺吾市他们乘的巴士曾在这风景绝佳的地方停留过。他们在这里边欣赏风景边吃午饭。下坂一夫还用石块砸了一条从山里跑来的柴犬。

"哦，那座高耸的山就是桥仓山吧？"越智手指着左侧问。山峦重重叠叠，一座三角形的山峰耸立其中，与在3号国道上看到的形状稍有不同。

"是的。你知道得很多呀。"

"是刚才的出租车司机告诉我们的。那座山峰的标高大概多少？"

"五百米左右。由于它离海岸比较近，周边的山丘又都比较矮，所以它就显得很高。"

"无论从哪个方向都能看到这座山峰吗？"

"嗯，一般都能看得见。这种形状的山称为神奈备型山，就像大和的三轮山一样，是一座独立的山峰。你看那座桥仓山不是跟三轮山很像吗？山顶上有神灵居住的神篱。由于自古以来到这座山附近的船只总会对它遥遥相拜，所以在针江的海岸处就建了一座织幡神社。"

"哦，原来其中还有这么一个缘故。"

"正因为这样，桥仓山的南侧山麓也建有织幡社，不过只是一个小庙，是一个人迹罕至的清静所在。"

"哦，是这样啊。"

越智注视了一会儿神奈备型的桥仓山。从这儿当然看不到山的南麓，更不可能知道今年八月，在这山中清静的织幡社小祠堂附近，究竟发生了什么可怕的事——

松林深处有一座小庙，庙旁有一块花岗岩石柱，上面镌刻的"织幡宫"三个字有些风化，刻痕中还长满了青苔。

"啊？在这地方？"

真野信子被下坂一夫牵着手拉进草丛中时那通红的脸庞和羞

涩的语调，现在，世上除了一个人之外，没有人知道。

"在桥仓山的南麓，有一个叫菅原的村落吧？"越智问织幡神社的神官。

"是啊，是啊。"神官脸上的表情好像在说"你知道得真多啊"。

"到那个村落去的话，走哪条路比较好呢？"

"那就要从这儿稍稍倒退一段路，从松树林那儿的一条路通向山里。不过是一条狭窄的小路。"

"那条小路可以一直通到3号国道吧，就在国道的坡顶往西一点的地方？"

"是的。你真的知道得很详细啊。"

"哪里哪里，来这儿的路上，我从出租车里看到过，只是大致瞎猜的。我猜想，从这儿到钟崎的途中，应该也有一条通往菅原村落的道路吧？"

"不，这倒没有。只有一条仅能通过一个人的山中小径。"

"那么，走那条小径的话，从海边到菅原大概有多远？"

"那条小径是直线路径，大概只有两公里左右吧。但要翻山，走起来很够呛吧。我可从未去过那里。"

"哦，是吗……问一个唐突的问题，在针江镇上有人养柴犬吗？"

"柴犬？"

这个问题确实比较唐突，不过神官马上做了回答。

"没有。这里是个小地方，就这么几家人家，谁家要是养了狗，大家都会知道。我是神官，也是高中教师，对针江的每家每户都很了解。这里没有哪家养柴犬。"

越智他们按照神官的指点，坐出租车折回到松林的地方，然后驶向山中。开了没多久，柏油路面就被红土山道取代了。

"我觉得快要真相大白了。"越智对门野说。因为有司机在场，他不能多说。

"嗯，下面就是关键了。"门野说。他的手里捏着地图。

出租车司机对红土和石子铺就的路面十分头疼，但不一会儿就下坡了，接着又重新上了柏油路面。这时，他对后座上的两位乘客说："菅原就要到了。"

22

菅原地区建在一块狭小的盆地之中，周围是起伏的丘陵，农户散布在盆地四周。田里到处是收割后的稻茬，田埂上停着一台坏了的收割机。从形状酷似三轮山的桥仓山的北侧看，的确显得很大。

"从这个位置看的话，那座山离自己好近啊。"

"嗯。又近又矮的感觉。"

路的前方，聚集着许多人家。

"两位客人要停靠在菅原的什么地方？"司机放慢了速度回头问道。

"先去派出所吧。"

派出所位于县道和村道交叉口的一个转角上。路旁的一棵大樟树枝叶茂盛，盖住了派出所的屋顶。

"你们要打听养柴犬的人家？"巡查看过从四国来的两位侦查员的警察证件后，用一根手指按在肥肥的下巴上问。他四十出头,耳边白发斑斑。

但他并没怎么多想就回答道:"那不就是阿作家的小狗嘛。她家的是柴犬。耳朵竖得笔直,眼神很机灵的样子,淡棕色,不大的一条狗。阿作可喜欢它了。"

益田作,三十五岁。家住本村菅原地区十七之三。从事农业工作。寡妇。

但是,仅仅知道一条柴犬还不够。在钟崎和针江之间的海边吃午饭时,下坂一夫用石块扔中的那条柴犬是有特征的:

在下坂扔中它前,它的右前脚就已经瘸了,走路时向上抬起,好像是受了伤……

"阿作的小狗是否受了伤,瘸了腿,这我就不太清楚了。阿作的家就在附近,你可以去问问。"

巡查说着举起手指了指。朝他手指的方向看去,只见在防风林的包围下,有一户农舍,铁皮屋顶在冬日的阳光下反射出微弱的光。

越智和门野重新坐上出租车,车子沿着村道开了两分钟左右。听到有车停在屋门前,一位年轻姑娘从房间里跑了出来,两眼紧盯着从出租车上下来的两个人。跨过一道架在壕沟上的小桥,就到了农舍的前院。农舍的左右两侧及后面,都种着杉树和其他的杂木。

越智表明身份后,那姑娘解下了扎在头上的毛巾。这位年轻女子二十二三岁,自称是益田作的小姑子。

"那是我们家的柴犬太郎。它被汽车撞过,右前腿的骨头受过伤,有好长一段时间走路都一瘸一拐的,不过现在已经好了。"

小姑子身穿衬衫与长裤,围着粉红色格子围裙。院子里铺着席子,上面晾晒着新收获的稻米。农户一般用干燥机处理要出售的稻米,而自己吃的稻米则用太阳晒干,因为这样的米更好吃。

"太郎是什么时候被汽车撞伤的?"

"八月份吧。太郎在路口被一辆汽车撞上了,我嫂子心疼死了。"

"你当时有没有看到?"

"我下地去了,不在家,是回家后听嫂子说的。说是车上下来了一个小伙子,给她赔礼道歉了,她也就原谅了他。"

"哦,开车的小伙子下车了对吧?那你嫂子应该记得那人的长相吧?"

"是啊,肯定记得的。"

"你嫂子现在在家吗?"

"在。不过她感冒了,正躺着。倒也不是起不来。我叫她到檐廊来吧。"

"这样合适吗?既然她感冒了,要不我们进屋去问她?"

"已经快好了。让她起来好了。"

小姑子转身回到门里。

一旁的仓库里,几只鸡乱叫着逃了出来。随后一条淡棕色的狗也跑了出来,在两人面前两脚趴地一阵狂吠。

"太郎,太郎。"

门野伸出一只手招呼小狗。小狗敏捷地一会儿后退一会儿冲上前,绕着他打起了转,叫得更欢了。

"好了，好了，太郎。"门野想让小狗安静。

"你看，它的右前腿已经恢复了。"紧盯着小狗的越智说。

"还有一点点瘸，不过基本上痊愈了。"门野也点头。

"八月份被车撞的，都已经过了四个月了。轻度骨折的话是应该好了。"

柴犬见这两个陌生人在看着自己说个不停，感到十分恐惧，退到远处后一个劲地叫。它的眼神十分可爱。

"太郎！"

檐廊处的隔扇拉开了，传来一个女人略带沙哑的唤狗声。

"太郎！别叫了，一边玩去！"

在亡夫妹妹的照料下，益田作摇摆着肥胖的身体坐在向阳的檐廊上的坐垫上。她的眉毛很淡，脸色很不好。

益田作讲述了爱犬被汽车撞伤时的情形，比她小姑子讲述得更详细一些。

听到门前村道上有汽车急刹车的声响和小狗的惨叫声后，我就立刻从家中跑了出去，看到路上停着一辆黑色的中型汽车，太郎惨叫着在地上打滚。我马上将太郎抱了起来。

一个二十七八岁的男人从汽车的驾驶座上走下来。他身穿白色的短袖衬衫和蓝色的长裤，不停地低头道歉。

"对不起，对不起。"那个男人边道歉边看我手里抱着的太郎。他见小狗没有出血，似乎放心了。

"对不起。它突然蹿到车子前面来。还好只是撞了一下，不是很严重。"

我觉得太郎突然蹿到路上也有不是。"太郎，叫你不要乱跑的，下次再乱跑，轧死了怎么办？"说着用手摸了摸小狗的头，没有理会那个男人的道歉。那个男人回到车上，沿着村道开走了。我抱着太郎，看着汽车扬起白色的尘埃远去。

"你有没有看到那辆车的车牌号？"越智问道。
"我没看。"阿作摇了摇头。
"汽车的颜色是黑色的，对吧？"
"是的。"
"那个男人有什么特征吗？"
"个子比较高，长得不胖也不瘦。头发很长。"
越智和门野悄悄地对视了一眼。这个长相特征与下坂一夫的一样。
"不过，现在的年轻男人都留长发。"阿作说道。
"他的相貌有什么特征吗？"
"说不清，我也只看了他那么一眼，记不太清楚。好像长得还挺帅的。"
"眉毛、鼻子、嘴巴，长什么样子？"
"这就想不起来了，只大概记得一个轮廓。"
"脸型呢？是长脸还是圆脸？颧骨突出吗？"
下坂一夫长着一张长脸，颧骨稍稍突出。
"比较长吧，细节就记不清了。"
"那么，如果见到他本人的话，你能够认出来吗？"
"我想应该认得出来吧。"

"汽车里只有他一个人吗?还是还有人?"

"还有一个女的。"阿作简洁地说。

"什么?有个女的?"越智觉得自己的嗓门一下子抬高了,赶紧压低音量,"那个女的也下车了吗?"

"没有。她一直坐在车里。"

"坐在副驾位子上吗?"

"不,坐在后座上,没坐在副驾上。"

"那个女的长什么样?"

"那就不知道了。她坐在车里,看不清。"

夏天里,光线的明暗反差比较大。外面亮得晃眼,车里面肯定较暗。

"……再说,我也只看了那么一眼。"

"可尽管就一眼,对她的脸还是有印象吧?"

"这个……模模糊糊吧,不是很清楚。"

"那个女的大概多大年龄?"

"不是很年轻。当然,也不太大。"

"二十五六岁的样子?"

"嗯,说不准。大概差不多吧。"

"她穿什么衣服?"

"夏天嘛,穿的是白颜色的衣服。"

"是和服吗?"

"这个没看清……好像是连衣裙。记不太清楚了。"

益田作咳嗽了一阵以后垂下了眼帘,似乎对自己什么也记不清楚而感到不好意思。她的眉毛很淡,就像剃过一样。眼睛下面的皮肤松弛,形成了两个眼袋。

"你还记得太郎被那辆汽车撞了的时候,是在八月份的哪一天吗?"

"大概是月初吧,具体哪一天就……"

阿作低头不语的时候,一旁一直沉默不语的小姑子开口道:"对了,嫂子,是不是盂兰盆节之前?居委会的吉住来收庆祝活动的分摊费用那天?"

九州的盂兰盆节在八月。

"哦,对啊。给吉住一百二十日元时,他还看了我怀里的太郎呢。那时,太郎刚受伤一小时。"阿作在小姑子的提醒下想了起来。

"那么,那个吉住收了一百二十日元后,应该写收条了吧?"越智的嗓音有些发颤。

"当然有收条,这就给你拿来。"

"嫂子,我去拿。"

小姑子站起身,对越智和门野鞠了一躬。

"那么,那辆车后来沿着村道开走了,是吧?那条路是通向哪里的?"越智向留下来的阿作问道。

"再往前八公里左右,路就到头了。"

"什么?到头了?"

"前面是篠崎地区,有十二三户人家。村道到了那里也就到头了。"

"这么说来,那辆车是去篠崎的?"

"我一开始也是这么想的。可是,过了一个小时左右,那辆车又从村道上开回来了。后来,在派出所那儿上了县道,朝赤间的国道上开走了。"

"哦，就是说在撞了太郎一个小时之后回来了，那辆黑色的中型车没去篠崎地区？"

越智抓住了阿作"一开始那么想"的话头。

"过了四五天我有事到篠崎去，问了那边的人，大家都说没见有那样的汽车来过。我觉得很奇怪，那个女的如果没在篠崎下车，那她又是在哪里下车的呢？"

"什么？这是什么意思？"

"那辆车回来时，我刚好在家里看到。因为它撞了太郎，我很生气，所以它回去的时候我看得很仔细。开车的还是那个下车道歉的男人，可车里那个女的却不见了。我当时想，大概那个男的把女的送到篠崎，自己独自回来了吧。"

"我再确认一下，那个女的没在篠崎地区下车？"

"是啊。篠崎那边的人都没见过有人下车。"

"那就是说，那个女的在去篠崎的途中消失了？途中有别的人家吗？"

"没有，尽是树林和竹丛。那边是桥仓山的山脚。"

"什么？桥仓山的山脚？"说着，越智的脸色稍稍发生了一些变化。

"是啊。怎么会在那里有事下车呢？那里只有一条上山的小路，可以走到织幡小庙。可一般人不会去那种地方啊。所以我觉得很奇怪。我小姑子说，估计是那女的累了，躺在座位上睡着了，所以我没看见。我想也是。"

那个女的并没有躺在车座上，而是躺在了别的地方了吧——越智和门野已经克制不住内心的兴奋了。

"夫人，太郎有没有绕过山脚到海边去玩过？"

"它常去。这条小狗很喜欢大海。"

"十一月初,它到海边玩的时候,有没有被石块砸了,受伤跑回来?"

"不清楚。好像没有。"

看来下坂一夫砸的石块并没有伤着太郎。

这时,小姑子从屋里跑出来了。

"真难找。嫂子,是这个吧?"

"是的,是的。你看,这儿有吉住的印鉴。"

益田作给越智看的节日庆祝活动捐款收据上的日期,是八月五日。

23

香春科长接到了越智从福冈的旅馆里打来的电话。

八月五日，菅原地区的一名农妇家养的柴犬被汽车撞了。开那辆汽车的是一个男人，车上还坐着一个女人，方向是篠崎地区。可是，过了一个小时，当汽车返回时，农妇在家中没看到车里的女人。越智在电话里报告了以上情况。

香春科长的桌子上摊着福冈县的地图。在此之前，他已经仔细研究过这张地图。在3号国道的赤间和海老津之间，有一条往北进入山地的县道。这条县道的尽头标记着村落的图标，但没有标村落的名称。虽然地图上没有，但根据越智的汇报，县道上还分出了一条村道。在村道北面，有山岳的图标，印着"桥仓山-标高五百二十四米"。越智在电话中提到过这座山的名字。

"那辆车里的女人，没坐在副驾上，而是坐在后座上？"

"嗯，那个被撞小狗的主人是这样说的。"

如果是一对情侣的话，女的一般都坐在副驾的位子。而让女的坐在后座上，应该是出于不想让她太显眼的考虑。

那辆汽车开往篠崎地区，一小时后折回，由县道开上了国道。但篠崎地区的人说，八月五日没有那样的汽车进去过。听了农妇的话之后，越智和门野也到篠崎地区去实地调查，结果确实如此。

"会不会就在那一个小时的时间里，下坂把真野信子杀害了，然后将她埋在了山里？"越智推测说。香春科长也觉得很有可能。

"那个叫益田作的农妇，还记得开汽车的男人的脸吗？"

"她说记不太清楚了，但见到了本人能认出来。"

"你们赶紧把下坂一夫和真野信子的照片找来。特别是真野信子的照片。到千鸟旅馆去找，估计有集体照。或者是客人给女侍她们拍的照片。"

"对不起，当时没想到要拿照片。我们马上到坊城去拿，然后再到菅原地区给益田作辨认。下坂一夫的照片或许古贺吾市那里有，如果他没有的话，就到唐津他父亲家里去拿。"

"嗯，赶紧去办吧。不管目击者辨认的结果是什么，接下来最好不要再找下坂一夫了。"

"这是为什么？"

"那边的凶杀案，是归福冈警署管辖，不在我们的管辖范围啊。你们已经调查到这个程度，就此罢手有些遗憾，但还是要将此案的侦查移交给福冈警署。不过，你们要在获得确证之后再移交。如果移交的资料不充分，反而会给对方添麻烦。"

"这个案子必须移交吗？"

听越智的口气，他似乎有些舍不得。

"是啊。总之，我先等你们的消息。如果有必要的话，我也会去福冈。福冈县警总部搜查一科西本科长跟我是同期。"

"哦，是这样啊。"

第二天下午，越智打来了电话。千鸟旅馆的女侍安子有真野信子的照片，而下坂一夫的照片古贺吾市手里有，是在那次巴士出游时拍的集体照。下坂一夫的那张脸，阿作一看就认了出来，而信子的脸她说不敢断定。

香春科长将此进展向总部长作了汇报。总部长也认同香春科长的意见。

"我们这边的凶杀案凶手已经死亡，所以有些遗憾。但牵连出了福冈凶杀案，也算是给他们破案立了功。"说到这里，总部长笑了笑，继续说，"这也是没办法的事。那边的西本是你的同期吧？你不想争功，不过，西本的心情也未必畅快。因为事实上已经被你们抢先了嘛。"

香春科长先给福冈县警搜查一科的西本科长打了电话，第二天，他出差去了福冈。从四国出发到九州极不方便。先要坐渡船到尾道，然后换乘列车。

香春科长是一大早坐的渡船，所以到达尾道时海雾依然很浓。在架设在尾道和因岛之间的大桥下，可以看到造船厂的起重机在晨雾中整齐地排列着。晨雾散开，喧闹繁忙的造船厂渐渐显露在朝阳之下。

杀害芝田市户仓寡妇的凶手末田三郎逃走后，曾一度在这个造船厂里工作。末田三郎的犯罪不能不说与他喜欢狗有关。而发生在福冈县的凶杀案，是从一条狗的身上追查出来的。对于前者，单身汉凶手已经在交通事故中一命呜呼，而后一位犯人将要告别他现在的优裕生活，在监狱中度过长长的余生。

在尾道车站，香春科长坐上了开往博多的列车。他从手提包中取出来阅读的不是小说，而是某著名审判官的回忆录。

三个多星期后，四国A县县警总部搜查一科的香春科长收到了福冈寄来的警察审讯记录的副本。

问：你认识小说家小寺康司吗？

答：听说过他的名字。但没怎么读过他的作品。

问：小寺康司于今年二月在佐贺县坊城的千鸟旅馆住过。你知道此事吗？

答：不知道。

问：你认识千鸟旅馆的女侍真野信子吗？

答：不认识。从来没见过。那个叫千鸟的旅馆我也没去过。

问：刊载在唐津市发行的同人杂志《海峡文学》上的小说《野草》是你写的吗？

答：是的。

问：杂志《文艺界》转载的《野草》中的一部分场景描写，与四国A县芝田市户仓的风景一模一样。小寺康司以前曾经去过那里。如果是小寺康司写的，就没什么疑义，但你从未到那里去过，为什么能写出来呢？

答：我在《野草》中写的，即后来被《文艺界》转载的那部分场景描写，完全是我想象出来的。如果和实地风景一模一样，只能说是偶然巧合。前一阵子，有两个从四国来的警察对我的朋友说，小寺康司的家人告我剽窃了小寺康司的文章。这完全是对我的污蔑。我从未读过小寺康司写有那种场景的小说。再说，小寺康司从未在哪本杂志上发表过有这个场景的小说。既然没有发表过，我怎么可能读到，剽窃就更无从谈起了。

问：你怎么知道小寺康司没有发表过描写芝田市风景的作品呢？

答：因为杂志上没有。

问：但是，东京发行的杂志你不可能全都看过吧？再说，你刚才不是自己说，你没怎么读过小寺康司的作品吗？

答：我的意思是说，在我读过的小寺康司的小说中，没有那么一段。

问：你说得很肯定嘛。你好像非常确定小寺康司的作品中没有描写芝田市风景的部分嘛。这是为什么？

答：我再重申一遍，在他的作品中，我没读到过这种场景描写。

问：小寺康司的家人在证言中也证明，那部作品的稿子是小寺康司住在千鸟旅馆时写的。小寺康司住在千鸟旅馆的锦之间时，负责的女侍是真野信子。

答：我不知道你告诉我这些事有什么意义。

问：女侍偷偷地抄写了小寺康司的稿纸，并将抄件给了你。是这样的吧？

答：刚才我已经说过了，那个叫真野信子的女侍我根本就不认识。所以，你所说的那些事完全是子虚乌有。

问：你认识古贺吾市吗？

答：他是我坊城的朋友，也是《海峡文学》的同仁。只要问一下他，你们就会知道，我既没去过千鸟旅馆，也不认识什么真野信子。

问：据古贺吾市说，今年十一月，在筑紫文化人联盟会会长的主持下，你们坐巴士到钟崎至针江间的海边举办了游乐活动。在途中吃午饭时，你用石块砸了一条小狗。古贺吾市说，你当时的行为十分异常，很神经质。

问：我不明白古贺为什么会这么说。我当时只是觉得那条小狗到处讨吃的十分讨厌，是为了赶走它才用石子扔它的。

答：那条小狗是柴犬，是离海边大约两公里处菅原地区的农家养的。你认得那条柴犬吧？

答：我完全不知道那条狗从哪儿来。

问：你妻子的姨妈姨夫家就在针江。但你结婚后，一次都没去过那里吧？巴士旅行时也路过了针江，但就算你妻子求你去看望一下姨妈姨夫，你也没去，是吗？

答：就算我妻子不提醒我，我也想去针江她姨妈姨夫家拜访。只是眼下为了在福冈市内开陶瓷店，我忙得不可开交，没工夫去。巴士旅游时是经过了针江，但根本没时间到景子的姨妈姨夫家去。

问：是你不愿意到针江去吧？

答：没有的事。

问：今年八月五日，你有没有自己驾车，经过菅原地区？

答：我有汽车，但我没去过那里。

问：那么，你在八月五日做了些什么？

答：估计在市内看店面，为开店做准备工作吧。

问：那时遇到过什么人吗？

答：应该遇到过，但那是很久以前的事了，我记不得了。

问：八月五日你整整一天都在看店面吗？

答：看店面一般都要花半天时间。

问：是上午还是下午？

答：有时在上午看店，有时在下午。八月五日那天是在下午还是上午我已经记不起来了。

问：你会开车去看店吗？

答：有时开车去看，如果离得近就走过去。八月五日有没有开车就记不住了。

问：根据我们的调查，八月五日那天你开着车出去了，不在福冈市内。

答：好像没有那么回事。

问：你是不是开车载着一名女子经过了菅原地区？

答：没有的事。

问：经过菅原地区时，你是不是撞到了一条柴犬？

答：没有的事。

问：你认识照片上的这名妇女吗？

（向犯罪嫌疑人出示益田作的照片。）

答：不认识。

问：这个人叫益田作，住在菅原地区。她说她记得见过你的脸。因为你撞了她的狗，下车向她道过歉。

答：没有的事。

问：根据益田作的证言，当时汽车后座上还坐着一名二十五六岁的女子。她看了真野信子的照片，说很像她当时看到的女子。

答：这跟我没有关系。

问：益田作的证言中说，那汽车沿着村道往篠崎地区开去，大约一小时后又折了回来，走县道上了3号国道。那时，车里没了女子的身影。并且，篠崎那边的人说没看到有这样的汽车来过，也没有女子下车。你将真野信子埋在哪里了？

答：我完全不知道你在说什么。

问：你没有八月五日在福冈市的不在场证明。不过倒是有人在菅原地区看到你开车经过。并且，真野信子就在你的车上。

答：八月五日，肯定有人在福冈市内见到过我。

问：那你说，你和谁见面了？

答：现在我想不起来，但过一阵我会想起来的。

问：只要你想起那人的名字，我们就立刻加以调查。不过，在将你叫到这里来之前，我们已经对你进行讨充分的调查了。我们警察是不会随随便便把人叫到这里来的。

答：（无言。）

问：你记得八月五日撞到的益田作的小狗，所以在十一月巴士旅行中途休息时，你担心海边出现的小狗就是那条狗，于是你才发疯似的用石块砸它。你死活不肯去针江，因为那里有留给你不祥记忆的山丘。那就是桥仓山。快说，你将真野信子的尸体埋在桥仓山的什么地方了？真野信子当时已经怀孕。这一点有坊城女警的证言为凭。

答：（无言。情绪激动。）

问：桥仓山的山脚下就躺着真野信子和你自己的孩子。不早一点将他们挖出来，对得起你的孩子吗？

答：我什么都不知道。（情绪激动。）

问：你不知道真野信子和你的孩子到底埋在哪里也没有关系。眼下，警犬正在桥仓山南麓寻找。那里有一座织幡社的小庙。警犬正以此为中心，在附近一带寻找。想不到直到最后还是和狗有关，真是宿命啊。

答：（无言。）

问：你为什么要杀死真野信子？因为你要跟你现在的妻子景子结婚，信子碍事了对吧？她妒忌景子，冲你发火，你夹在两人中间难以招架，就驾车载着信子出来并杀害了她，对吧？

答：信子根本不知道我跟景子之间的关系。

问：啊呀，你说什么了？你说了信子吧？刚才还说根本没见过真野信子，现在却十分顺口地叫起了信子。还说"信子根本不知道我跟景子之间的关系"，这是怎么回事？无意中说漏嘴了吧？

全文完

熊猫君激发个人成长

多年以来,千千万万有经验的读者,都会定期查看熊猫君家的最新书目,挑选满足自己成长需求的新书。

读客图书以"激发个人成长"为使命,在以下三个方面为您精选优质图书:

1. 精神成长
熊猫君家精彩绝伦的小说文库和人文类图书,帮助你成为永远充满梦想、勇气和爱的人!

2. 知识结构成长
熊猫君家的历史类、社科类图书,帮助你了解从宇宙诞生、文明演变直至今日世界之形成的方方面面。

3. 工作技能成长
熊猫君家的经管类、家教类图书,指引你更好地工作、更有效率地生活,减少人生中的烦恼。

每一本读客图书都轻松好读,精彩绝伦,充满无穷阅读乐趣!

认准读客熊猫

读客所有图书,在书脊、腰封、封底和前勒口都有"**读客熊猫**"标志。

两步帮你快速找到读客图书

1. 找读客熊猫君　　　　2. 找黑白格子

马上扫二维码,关注**"熊猫君"**

和千万读者一起成长吧!

图书在版编目（CIP）数据

交错的场景 /（日）松本清张著；徐建雄译. -- 上海：文汇出版社，2019.1
ISBN 978-7-5496-2674-8

Ⅰ.①交… Ⅱ.①松…②徐… Ⅲ.①长篇小说—日本—现代 Ⅳ.①I313.45

中国版本图书馆CIP数据核字（2018）第147063号

WATASARETA BAMEN by Seicho Matsumoto
Copyright © 1976 Yoichi Matsumoto
All rights reserved.
Original Japanese edition published by SHINCHOSHA Publishing Co., Ltd.

This Simplified Chinese language edition is published by arrangement with SHINCHOSHA Publishing Co., Ltd., Tokyo in care of Tuttle-Mori Agency, Inc., Tokyo through Beijing GW Culture Communications Co., Ltd., Beijing.

中文版权 © 2019读客文化股份有限公司
经授权，读客文化股份有限公司拥有本书的中文（简体）版权
著作权合同登记号：图字09-2018-633

交错的场景

作　　者 /	［日］松本清张
译　　者 /	徐建雄
责任编辑 /	戴　铮
特邀编辑 /	孟　南　谢　迟
封面装帧 /	刘　倩　辛国栋
出版发行 /	文匯出版社
	上海市威海路755号
	（邮政编码200041）
经　　销 /	全国新华书店
印刷装订 /	北京中科印刷有限公司
版　　次 /	2019年1月第1版
印　　次 /	2019年1月第1次印刷
开　　本 /	890mm×1270mm　1/32
字　　数 /	158千字
印　　张 /	7.25

ISBN 978-7-5496-2674-8
定　　价 /　38.00元

侵权必究

装订质量问题，请致电010-87681002（免费更换，邮寄到付）